书礼传家丛书

科举·秀才

中华书局

目录

经典随行　书礼传家

——「中国文化丛书」出版说明

"中国文化丛书"包括两套书系："经典随行"和"书礼传家"。

我们所谓的"经典"，是指经久不衰的典范之作，它们历经岁月的淘洗仍然具有旺盛的生命力。中国文化，源远流长，广播四海，经典累代不乏。晚近以来，中国处于"三千年未有之大变局"时代，西方学术和思想大量涌入，中国传统文化遭受巨大冲击，国人或主动或被动地卷入这样一股变迁的时代洪流中，摸索前行。社会巨变之际往往精英辈出，中西文化的激荡，产生了一大批大师级的学者，留下了丰厚的文化遗产。

"经典随行"书系选取近一百年来有关中国文化的经典著作，内容涉及文学、史学、哲学、思想、宗教、文化、艺术诸领域，如鲁迅《中国小说史略》、蒋维乔《中国佛教史》、许地山《中国道教史》、蔡元培《中国伦理学史》、陈师曾《中国绘画史》、柳诒徵《中国文化史》等，都是具有典范性的经典力作。

在推出这些学术文化经典的同时，我们希望以一种更加新颖的方式使读者接受传统文化的熏陶，于是我们策划了"书礼传家"书系。中国自古崇文重教，"十户之村，不废诵读"，"书礼传家"是许多中国人悬挂于门楣的精神坐标。"书礼传家"书系引进立体阅读的概念，以"实物仿真件＋文本解读"的方式，来丰富读者的阅读体验。精心选择中国传统文化中与普通民众生活密切相关的文书，从一件件具体的实物说开去，以小见大，生动有趣，从微观角度反映传统社会千姿百态的生活方式。将"科举"、"婚约与休书"、"花笺与信物"、"奏折"、"当票"、"地契"、"状子"等反映中国古代科举制度、婚姻制度、爱情观念、古代官制、典当制度、土地制度、司法制度等一系列传统社会制度的内容纳入进来。翻开这套书，就如同走进了一座"流动的文化博物馆"。

"中国文化丛书"致力于介绍阐述中国传统文化的"著述"，而不是中国文化"元典"本身；面对的读者对象是普通大众，以推介中国文化常识为基本立足点，过于艰深的学术探讨不在选择之列；在表述上力求深入浅出、简明准确。

"大家的文笔，大众的视角"，是我们对"中国文化丛书"的基本定位，愿这套丛书能够为人们搭建一座接近经典，了解历史与文化的桥梁。

中华书局编辑部
二〇一三年十二月

第一章 秀才与中国社会

在先秦历史文献中，往往将有学问和有才能的人，称作「秀士」或「俊士」。在《吕氏春秋·怀宠》中，有「举其秀士而封侯之，选其贤良而尊显之」的说法，高诱注释说：「秀士，俊士。」这里「秀士」与「贤良」并列，一个强调文才，一个侧重德行。

科举·秀才

书礼传家

●秀才是一群穷酸迂腐的书生吗？

秀才，是中国历史上一个十分特别、十分有趣的群体。在中国古代乡村社会，由于秀才周围主要是没有文化或少文化的乡民，秀才是受这些人尊敬的，享有较高的社会地位。但是秀才的社会形象，却主要是由比他文化水平和社会地位更高的举人、进士塑造的，至少只有这些人，才有能力把秀才的形象描述并记载下来。

我们这本书里讲的「秀才」特指明清两代的生员。

所以，一般读者、观众在明清文学作品、现代电影电视中，看到的秀才形象，首先是穷酸迂腐、没有出息的样子。虽然秀才们物质生活贫困潦倒，但是却一定要有诸多面子上的讲究，于是给人一副行为奇特、性情古怪、不知变通的印象。实际上，早在明代，便已经出现了所谓的"秀才性气""秀才识见"这样的俗语，用以指胶柱鼓瑟，不能随势变化。此外，秀才也留给后人一种文弱书生的印象，秀才一般指能识文断字的文化人，比如常说"秀才不出门，便知天下事"，从这些流行的"俗语"中便可以看出秀才这一身份的特殊和复杂。

● "秀才"一词是来源于哪里？

就现有的文献来看，"秀才"一词最早见于《管子·小匡》。《管子·小匡》中有"农之子常为农，朴野而不慝，其秀才之能为士者，则足赖也。"意思是说农家的子弟常是农民，他们朴实而不奸恶，其中能够成为士人的优秀人才，就足以信赖。在这里，"秀才"表示的是"优秀人才"的意思。

实际上，在先秦历史文献中，往往将有学问和有才能的人，称作"秀士"或"俊士"。在《吕氏春秋·怀宠》中，有"举其秀士而封侯之，选其贤良而尊显之"的说法，高诱注释说："秀士，俊士。"这里"秀士"与"贤良"并列，一个强调文才、一个侧重德行显而易见，而且，秀士与俊士完全等同。而《礼记·王制》则说："命乡，论秀士，升之司徒，曰选士。司徒论选士之秀者而升之学，曰俊士。升于司徒者不征于乡，升于学者不征于司徒，曰造士。"郑玄注释说："秀士，乡大夫所考，有德行道艺者。"这里的秀士，也强调了德行，而且，秀士是乡里的优秀者，而俊士则是已经升入国学学习的人。郑玄认为，"秀士"形成于"乡里"，"乡里"也就是今天所谓的"社区"（community），社区意味着生活在这一地域内的人相互之间是熟识的。

一个人的"德艺"如何，特别是德性德行到底怎样，只有从其生活的"乡里"才能知道，因为只有这里的人对他的平日生活才是真正了解的，通过了解其平日生活中的行为，与简单地靠一次面试或者一次笔试，以考察一个人真正的德性德行，其差别是显而易见的。

总之，早期儒家思想家们的根本着眼点在于"乡论"，即"秀才"

是乡里人们共同推荐的。

◎人才选拔

"秀才"一词在社会上广为流行，是在汉武帝以后，而且和察举制有关，是察举的科目之一。

察举制是始于汉朝、一直延续到隋朝的选官制度。定期的察举科目，称为常科或岁举，如孝廉、秀才等科；由皇帝不定期下诏要求贡举，称为特科或诏举，如贤良、文学、明经、有道等科。"秀才"作为察举制的主要科目之一，成为一种制度化的人才选拔途径，而且在两汉时期成为仅次于孝廉的一种察举科目。秀才的举主为刺史，后来逐渐形成了州举秀才、郡举孝廉的体制。

作为察举科目之一的秀才，东汉时因避光武帝刘秀的名讳，一度改称茂才，也作茂材。虽然自魏晋时起，"茂才"就改回称"秀才"，但由于历史的惯性，或者为了表述的别致，称"秀才"为"茂才"的也所在多有。"茂才"这一称呼，主要为文人学者所用，百姓基本不用；主要用于文字或书翰之中，平常说话用得极少。而在

《红楼梦》中描绘之进京赶考

唐宋陶俑之长须秀才

魏晋南北朝时期，察举最重秀才科。

总之，从汉朝到南北朝，"秀才"是察举制的核心部分，而"秀才"的核心在于"乡里选举"、"注重德行"。这一时期的"秀才"选拔制度是"察举制"的核心部分，本质上是中央政府从地方上选拔优秀的人才的制度。在这些人才被选拔出来之后，一般不再回到原籍工作，而是离开家乡到他处，甚至有可能进入中央政府的权力核心工作。

这个时候，中国的人才选拔制度还没有来得及顾及到地方社会管理、底层社会管理对人才的需要，地方社会因此也没有形成良好的运行模式，而地方社会的不稳定可能正是汉朝以及之后中国社会不能长时间稳定的最根本因素。

◎科举制产生的"秀才"

到了隋朝，科举制度产生。科举制度的本质在于公平、制度化地选拔人才进入政府，以管理社会，不过这一目的在唐宋时期已经逐渐得到实现了，于是新的理想就渐渐形成，比如追求考试内容的更完善，追求制度设计的更公平等等。

在科举制度下，秀才的地位发生变化，在隋炀帝大业年间，无论是"十科"还是"三科"，都不见"秀才"的说法，因为秀才所具有的的"察举"的本质与"科举"不甚相同，科举的核心在于考试，而察举的核心在于"乡里"、德行。

唐代秀才不好考，到了唐朝，秀才与明经、进士、明法、明书、

唐宋陶俑之两个老秀才

明算六科是常科，而且列在六科之首。但是无论从哪方面说，秀才科都颇为特殊，称得上是"尤异之科"。据《唐六典》卷三十记载："凡贡举人，有博识高才、强学待问、无失俊选者为秀才，通二经已上者为明经，明闲时务、精熟一经者为进士，通达律令者为明法。"可见对秀才的要求，比其他诸科都要高许多。不仅要高才、强学、博识，才学识三者不可或缺，不只是单纯地精通一两部儒家经典，而且要货真价实、不打折扣，也就是所谓的"无失俊选"。实际上，唐朝的秀才科，由于"取人稍峻"，也就是门槛过高、标准过严，及第的很少。

唐高宗时，刘祥道在上疏中也说："唐有天下，四十年未有举秀才者。"由此可见，秀才科"贞观已后遂绝"的确是事实。开元二十四年（736）以后，虽然又开进士科，但由于进士科的考试难度增加，秀才科不用考试帖经和诗赋，难度反而比不上进士科。主持秀才考试的人又不愿意降格以求，便以秀才一科长期废置为由，对于应此科的士人一概不取，天宝以后更是近乎明文禁止。

于是，在制度实践中，"秀才"一词逐渐销声匿迹，不过科举制度不能没有弊端，政治家们只有在感觉到科举制的种种弊端，进而反思汉朝的察举制的时候，才会想到"秀才"这个名词，甚至到了明朝初年短暂实行察举制度时，还曾经使用过这一"过时"数百年的名词。

不过，在文学世界，"秀才"一词则逐渐成了对参加科举考试的应试者的一种尊称，用以表示这些人是极优秀的人。当然，由于存在大量考不上的人，"秀才"一词也开始被用到考不上的人身上，加上考不上的人本身的牢骚之语，"秀才"一词便有了反讽的穷酸迂腐的意味。

据考证，西汉时期的贾谊是最早有"秀才"称谓的人。

●"方巾"不是谁都能戴的——秀才的特权

在很多文献中还能看到更多关于秀才不为人知的面貌。如在《儒林外史》第二十二回中，牛浦和牛玉圃两人在某处楼上和一个戴方巾叫做王义安的

人一起吃饭，"正说得稠密，忽见楼梯上，又走上两个戴方巾的秀才来"，这两个秀才一看到王义安，便骂骂咧咧，"这不是我们这里丰家巷婊子家堂柜的乌龟王义安！""怎么不是他？他怎么敢戴了方巾，在这里胡闹！"于是"不由分说，走上去一把扯掉了他的方巾，劈脸就是一个大嘴巴，打的乌龟跪在地上磕头如捣蒜。两个秀才越发威风"。"落后打的乌龟急了，在腰间摸出三两七钱碎银子来，送与两位相公做好看钱，才罢了，放他下去"。

两个秀才之所以"得理"，是因为按当时的规定，只有秀才才能戴"方巾"。不过明朝中后期市民文化发展，普通人也追求像秀才那样文雅，普通人戴"方巾"，就好比今天有人虽然不是博士，但是戴了一次博士帽，便被两个秀才打得趴在地上磕头求饶，最后还要讹诈不少钱财。这哪里是秀才，分明是两个流氓无赖。要知道，对于贫苦百姓来说，三两七钱银子可不是小数目，足够一个小家庭两个月的生活费用。

《儒林外史》这类的文学作品中讲的并非是真实的故事，不过，这样的秀才在明清时期绝非少数。所谓"大官好见，衙役难缠"，对于普通百姓来说，生活在自己身边的这些拥有某些特权的人，往往更能带来危害，因为他们随时可能利用自己的特权欺压良善。顾炎武在《生员论》中，就具体指出了秀才作为一个阶层所带来的种

清 徐扬《盛世滋生图》图中有苏州院试或府试场景

种问题。

> 今天下之出入公门以挠官府之政
> 者，生员也；倚势以武断于乡里者，
> 生员也；与胥史为缘，甚有身自为胥
> 史者，生员也；官府一拂其意，则群
> 起而哄者，生员也；把持官府之阴事，
> 而与之为市者，生员也。

这里所说的生员，便是当时的秀
才，在当时，生员是正式的称呼，而
秀才、相公等是俗称。

● 顾炎武眼中的秀才——把持地方政权的一群朋党

在顾炎武看来，秀才阶层绝非是文弱书生，更不是穷酸潦倒、
为人所笑的迂腐之人，而是既有知识，又有话语权，且与吏胥等人
沆瀣一气，把持地方政府、控制地方社会的重要力量。而且顾炎武
指出，秀才之间很容易因为考试而形成师生关系、同门关系、同年
关系、门生关系等各种不同的关系，进而形成牢固的朋党。

> 一登科第，则有所谓主考官者，谓之座师；有所谓同考官者，
> 谓之房师；同榜之士，谓之同年；同年之子，谓之年侄；座师、房
> 师之子，谓之世兄；座师、房师之谓我，谓之门生；而门生之所
> 取中者，谓之门孙；门孙之谓其师之师，谓之太老师。朋比胶固，
> 牢不可解。

在这种牢固而复杂的关系之下，秀才们"书牍交于道路，请托
遍于官曹"，地方政治因此变得乌烟瘴气。以至于顾炎武认为："废
天下之生员而官府之政清，废天下之生员而百姓之困苏，废天下之
生员而门户之习除，废天下之生员而用世之材出。"

● 秀才阶层真正的社会基础是什么

其实，在上述所有关于秀才的印象和论断的背后，都与秀才作为一个群体在整个社会制度中的位置有着密切的关系，而更深层次的原因在于，秀才以及秀才阶层的产生，寄托着中国古代思想家一以贯之的对中国地方社会治理的理想。

明清时期的秀才曾经是中国地方社会治理的根本力量，正是因为秀才这一群体，以及背后科举制度的存在，中国的地方社会在宋朝以后才逐渐稳定了下来，生活在社会底层的普通百姓才终于获得了较为长久的休养生息的机会。

第二章　考取秀才之路（上）

因为科举考试能够在一夜之间改变一个人和一个家族的命运，又由于它的公开、公平和公正，普通百姓子弟考中的也不少，所以它在古代引起了全社会的关注。

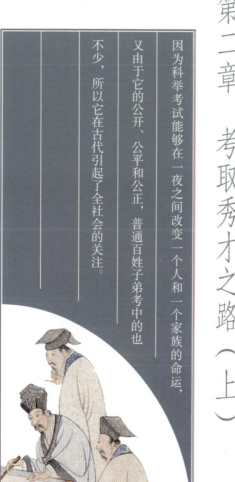

● 科考的步骤

一个普通人家的孩子如果想要考取秀才，需要过很多道关，走漫长的路。

人们一般把明清时期的科举考试分为乡试、会试、殿试三个等级，通过乡试的是举人，通过会试的是贡士，通过殿试的就是进士。实际上，在这三级考试之后，还有一级考试，被称为朝考，通过的被称为庶吉士，也就是俗称的翰林。而在这三级考试之前，也还有一级考试，这就是童生试，通过了童生试、进入各级府州县学学习的人，被称为生员，俗称秀才。所以一些学者认为，明清的科举考试不止三级，说五级更符合实情。

朝考 —→ 庶吉士（翰林）

殿试 —→ 进士

会试 —→ 贡士

乡试 —→ 举人

童生试 ▶ 生员（秀才、文童）

乡间私塾

●踏进科举的门槛——童生试

　　童生试是最初级的考试，但它不是一次一场考试，而是一组、一系列的考试。在明清各级科举考试中，童生试虽然层级最低，但规制最为复杂。

　　童生试本身也分为县试、府试和院试三个级别，只有逐级全部通过才能成为秀才。其中县试由考生所在县的县令主持，府试由考生所在府或者州、厅的知府、知州、同知等主持，院试由考生所在省份主管教育的学政主持。

● "监考教师"——学政

　　学政别称学使，也称学台，与主管民事行政的巡抚（简称抚台）、主管刑事谳狱的巡按（简称按台）在省级行政中鼎足而三，共称 "三台"，属于同一个级别，正三品。其职权相当于现在一个省的教育厅厅长，但它的地位与现在的教育厅厅长不一样，它不受省长的直接管理，而是与省长平起平坐。他是由朝廷委派到各省主持院试，并督察各地学官的官员。一般由翰林院或进士出身的京官担任。学政又称提督学政，也称提督学院，所以他主持的考试被称之为院试。

　　需要特别说明的是，这里所谓的各级官员 "主持" 的考试，绝不是仅仅挂个名号，主持开个联席会就算完事，而是要披挂上阵，在每一场开考的时候都亲自逐个点名、亲自监考，并且在每一场考完之后都要亲自阅卷。

● "考生"与"考试"的其他别名

因为科举考试能够在一夜之间改变一个人和一个家族的命运，又由于它的公开、公平和公正，普通百姓子弟考中的也不少，所以它在古代引起了全社会的关注。科举考试的各种名目，都被广大老百姓发挥聪明智慧，起了各种各样的俗称、别称。由于考生主要学习儒家经典，年龄也相对较小，参加院试的人也称"儒童"；相对于武童或武生而言，也称为文童或文生。在齐如山先生看来，并不是所有的读书人都是童生，只有那些报名参加了童生试的人才是——"因为既经报考，则县中及学中之档案上，便都有了名字，总是在国家衙门中报过名的人了。倘未经报考过，则国家的机构中没有姓名，便只是平民而已。"（《中国的科名》）没有考中、没有被录取到府、州、县学学习的士子，无论年龄大小，从少年壮艾到

顺治九年晓示生员卧碑

宋佚名《科举考试图》

白头老翁，一律称为童生。县试、府试和院试三级考试是童生为取得生员资格的入学考试，所以也被统称"童生试"，也称"童试"，俗称"小考"。

童生试的一系列考试就要开始，你将由此踏上考取秀才之路。你准备好了吗？

●县试——童生考试第一步

县试是童生试第一个阶段的考试，也叫邑考。邑是城市、城邑的意思，在过去，县城是最小一级的城市，所以邑被用作县的别称。想考秀才的童生，要从参加县试开始。

一般来说，县衙门在选定考期之后，会提前一个月公布。考试日期的消息主要靠口口相传，在没有报纸、没有电话、没有网络、信息闭塞、交通不便的情况下，很多在乡下读书的考生还没来得及打听到县里考试日期的消息，便已经错过了考期。对此，考生们和负责考前培训的塾师们一般都会随时留意各种小道消息，一旦有了消息，可能会立马亲自赶到县衙确认消息，或者委托到县城办事的人顺便打听，这些受托人被称为"考斗"。

如果因为别的事情不在本县的考生，也会马上赶回本县参加报名。一般来说，县试都选择新年之后不久开始。

●办理参加考试的手续

在开考之前，考生首先要报名。报名的手续十分繁琐，需要考生将自己的信息，尤其是三代直系亲属的基本情况写清楚上交给本县的"属礼房"（大致相当于今天的教育局），并交纳一定的报名费。在明清时期的文献中，这项报名费一般称之为"买卷子"。

提交完信息之后，考生要接受资格审查，审查的内容主要包括：保人是否合格，考生三代以内的亲属是否身家清白，是不是优娼皂隶，有没有犯罪记录，考生本人信息是否属实，是不是冒名顶替等。

交完"买卷子"钱，审核完信息也不会马上拿到卷子，而是得到一张写着考生各种信息的"准考证"，这张"准考证"需要考生在考试当天带上，以领取试卷。

在开考之前的几天，考生会来到县城，找寓所住下。有的住在旅馆中，但是毕竟没有出本县，大部分考生在县里都会有一些亲友，借住在朋友家也是较多的选择。

安顿下来之后，考生需要准备好一些考试必备用具，与今天有所不同的是，考生要准备考试专用衣服。尤其要带上符合规定的帽子。

此外，在考试用具中，最麻烦

明代秀才多带"四方平定巾"

的是桌凳，因为县试的考场因陋就简，大都就在县衙门大院里举行，考生考试的时候所需的桌子、板凳都需要自己带，但是大多数考生都是来自乡下，在交通不便的古代，不可能从乡下的家里带着座椅板凳来考试，而且考生数量众多，小小县城（不是今天的县城，那时的县城可能只有几千人）也借不出多少桌凳来，所以考生自己租住的宾馆饭店或者朋友家里的油桌、切菜用的案板、旧棉花架子等，都被考生们拿来将就着做桌子用了。

●县试的录取比例

据清朝编纂的《学政全书》统计，清嘉庆末年平均每县参加考试的童生往往多达几百人，但是每个县最多只能录取十来个人。所以录取率大概在 20：1 到 30：1 之间，大致与今天清华、北大，以及少数院校的紧俏专业的硕士研究生录取比例相当，当然如果跟今天众多学子趋之若鹜以至于有几千人争夺一个职位的国家或者地方公务员来说就不能比了。

科举考试入场情景

县考一般有五场。每场考试持续一天，但是古代考试的安排可不像今天这样能够依靠现代技术手段做到井井有条。没有照相技术，因此准考证上就没有照片，也没有身份证，所以没有办法快速核对身份，考生们都在一起，不分考场，所以也没有快速的发放试卷的方法，而且监考也很困难。如果主考官和考务人员经验不够丰富，出乱子、出差错是经常发生的事情。

● 考试现场

明末清初的叶梦珠在《阅世编》中记下了当时县试的基本情况。

是时，应试童生不下二三千人，先期盖厂北察院中，借取总甲桌机，编号排列，用竹木绑定，不得动移，将儒童姓名，编定次序，如院试挨牌之法。各路巷栅，先遣官役把守，朝不得早开，独留学前一路。诸童俱集广场听点，自拥高座，以次唱名给卷。领卷毕，即向东转北，由东栅入试院，卷上编定坐号，入场对号而坐。又分号出题，题即密藏卷后。

既封门，方示以题之所在。外无拥挤之扰，内无传递之弊，亦吾生
所仅见者。

在这处记载中，考场设在北察院，点名之后考生就能领到卷
子，进入考场。清朝的有关文献显示，参加县试的考生没有编号，
进入考场后是随便坐的，所以熟识的考生都坐在一起，以便相互
照应。

●县试的规矩

与今天类似，考生拿到的试卷由考试题目、答题纸、草稿纸等
几部分组成，加起来有十几张纸，统称为试卷。在试卷上印着座位
号，并用浮签印刷着考生的姓名等信息，考生拿到试卷之后，就把
印有个人信息的浮签纸条撕掉，并在试卷背后的右角上写上自己的
个人信息。交卷以后，考务人员会把填写有考生信息的卷头弥封起
来。

有的时候因为考生人数众多，点名和进场的时间持续过长，这
样不同考生就会出现拿到题目的时间差别太大，这个时候，就不在
每个考生进场时发下题目，而是把考题印在木质的牌子上，在所有
考生都进场之后由工作人员举着这牌子各处走一圈，告诉考生试题
就行了。

其中答题纸最重要，每张答题纸都用红色印好了方格线，类
似于今天高考作文答题纸，每页的行数，每行的字数都是固定的，
答题（也就是写八股文和诗赋）的时候必须按照要求写,规范端正。

考生萧毓春的试卷封面

●考试"潜规则"

　　关于答题（即写作文）的要求，卷内文字不允许出现错字、别字、省漏个别字的笔画，每个字都要完全一笔一画的写，不允许出现行书、草书，要保持试卷整洁，不许挖补，不许空行空格、越幅曳白、墨迹污染，不能越出格外，写好以后，不许添字、补字、涂字，最好文章写完，空格填满，一字不多，一字不少。此外，诗、赋、策文中文字的抬写有严格的规定。如果出现哪怕一处潦草的字或者有一处涂抹现象，该试卷即宣告作废，考官就不会再看了。

　　而且需要注意的是，这些要求，在试卷上都不会出现，只是一直以来的"潜规则"，大家都这样遵守。如果没有真正参加过考试，可能真的无法彻底明白这些要求，所以能够请到一位秀才认作塾师是非常重要的，因为只有这样的人才能将各种"潜规则"原原本本的告诉考生。

　　需要注意的是，草稿纸上也必须有草稿，否则会被认为是抄袭。当然，答题的时候也不能出现本朝皇帝的名字等字眼，否则也会受到惩罚。

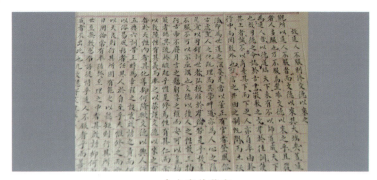

一个文童的范文

●县试的内容与程序

至于考试的内容，在明清时期的大部分时间内主要考查撰写八股文的能力，也包括考查写诗赋的能力。按照马克斯·韦伯的话来说，即是考查一个人能在多大程度上将自己的心灵沉浸在先秦儒家经典中，并且学会用先秦经典中的语气来表达思想的能力。

因为考试要持续一天，所以考生是带着简单的午饭进考场的，午饭也就在考场凑合了。每一场考试在下午三四点左右开始允许交卷。每一场交卷的时候，不同的考生陆续交卷，每凑够十个人，就放出十个人，然后院子大门再锁上。交卷的前三拨，也就是前三十位交卷的考生出场的时候，都会有吹鼓手乐队吹打助兴，以示鼓励。

通过县试仅仅意味着能参加府试，所以县试的本质是秀才预备考试，所以相对来说比较宽松，但是每一场都会刷下很多人。每一场结束，成绩很快就揭晓，第二天，录取的名字就会贴出来了，没有名字的考生只好黯然伤神地离去。

考生萧毓春的试卷内容

●府试的考前准备

县试之后是府试。府试的流程
与县试大致一样。

如果县试没有赶上，或者因为
消息不灵通，没能参加，也可以在
府试开始之前补考，补考合格，可
以参加府试，当然这是要交钱的。
相对于因陋就简的县试，府试的条
件就会好一些了，毕竟在府城，至
少有了专门的考场，不至于像县试
一样要露天考试。

府试场所

一般来说，考场外边都会有个
院子或者空地，考试期间，这是最
热闹的地方。考生们天不亮就来到
这里，等候进考场，考生的朋友，
保人，甚至老师、父母可能都会在场，

许多卖杂物的小商小贩这时候也会在这里做生意。

府试考场内不像考举人的乡试那样每个考生都有专门的小隔间，而大都是在一个大棚子里，棚子里已经摆好了桌椅，桌椅与桌椅之间有一定的间隔，更类似于今天的考场。

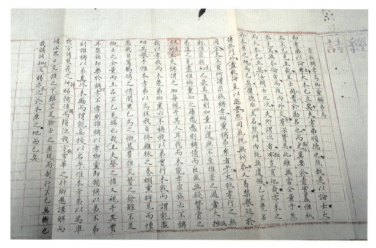

一个文童的试卷

●府试的考题

有一种观点认为，在考秀才的三个阶段，相对而言，县试很容易就能通过，府试相对较难，不易作弊，也不易通过。而按照商衍鎏先生的说法，各府州县官，"多扭于积习，阅卷委之幕友，又或瞻徇情面，以为录取入学，总凭学政定夺，视为无足轻重。"（《清代科举考试述录及有关著作》）这也就是说，县试和府试通过的较多，而院试最难。

从保存至今的府试试卷中可以看到当时的考题，比如清代四川阆中县一个叫裴重谦的考生的府试答题卷，考题的题目是"而学之壮"，这是一道出自《孟子》的截搭题目，也就是把《孟子》中本来前后不相连两句话，连在一起变成一个题目，如果四书背得不熟，根本无从知道这道题的意思，更不知道文章怎么写了。

"而学之壮"出自《孟子·梁惠王下》："夫人幼而学之，壮而欲行之。"其中前一句的"而学之"与后一句的"壮"被连在了一起。这种截搭题在明清童生试中，最为常见。邱濬在《大学衍义补》中说："近年初场出题，往往强截句读，破碎经义；于所不当连而连，不当断而断，而提学宪臣之小试尤为琐碎。"

●通过府试的必要条件

从考题来说，考生要想考上，需要同时满足几方面的条件。第一，需要熟悉答题时的种种规则，这样在考试的时候才能够不违反种种文字书写上的规定；第二，需要对《四书》及标准注解背诵得滚瓜烂熟，否则会连考试题目的意思都不知道，这需要考生具备很好的记忆力；第三，需要考生会按照古典著作中的语气，按照八股文的规范写文章，并且能表达出自己的意思，这需要考生有很好的思维和表达能力，如果写得不符合规范、不通顺，是不可能考上的；第四，需要考生对《四书》中的任意一句话都能够形成明确的观点和一定的见解，在众多考生中间，如果想脱颖而出，在满足了考试所需的基本硬性要求之后，除非能有观点、有见解，否则很难引起阅卷人的注意；第五，最关键的是，考生所表达的意思，要能与考官形成共鸣，如果考生所表达的观点正好是考官所反对的，那就要遭殃了。因为所有的题目都没有标准答案。

当然，最基本的则是学会写八股文和写诗。对于一般儿童来说，这两项功夫是很不容易的。八股文由八个部分组成，兼具散文和韵文的形式。

所以，对于考秀才，不仅需要考生的基本素质过硬，肯下功夫努力，而且需要运气等偶然因素的照顾。"一命二运三风水，四积阴德五读书"这话虽然有些偏激，但是也不离开基本情形。

●八股文的组成

名称	另名	行文格式	内容要求
破题	无	两句散文式的文字。	将题目字面意义破释。
承题	无	四五句散文式的文字。	将破题中紧要之意,承接而下,引申而言,使之晓畅。要求明快关连,不可脱节。
起讲	小讲、原起	散文式的文字。	浑写题意,笼罩全局。
起股	起比、题比、提股、前股	四五句或八九句双行文字,两行句式必须相同,要求相对成文,形成排偶。	开始提出论点。
中股	中比	句式双行,句数多少无定制。要求相对成文,形成排偶。	内容是全篇的重心所在,必须尽情发挥,进一步搜剔题中正反道理奥妙,要求锁上关下,轻松灵活,宜虚不宜实。
后股	后比	句式双行,多少无定制。需相对成文,形成排偶。	作用是畅发中比所未尽,或推开,或垫衬,要求庄重踏实,振起全篇精神。
束股	束比	双行,每片二三句或四五句。需相对成文,形成排偶。	用来回应、提醒全篇而加以收束。
大结	无	散行,不一定用对偶。	全文结束语,不用圣贤口气,可以发挥己意。

第三章 考取秀才之路（下）

进学成为生员、得了秀才的名号之后，除了少数希望在科举的征途上走得更远一些的人会继续用功之外，大多数人已经是心满意足，即此止步，不再翻动书本，更少开笔作文。

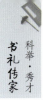

科举·秀才

书礼传家

●院试

第三阶段是一省学政亲自主持的院试，也是在考生所在府城举行，因此是学政逐个到所在省的府城主持。

如果考生因为种种原因错过了县试、府试，也准许出钱补考之后参加院试。院考一般在秋冬时节进行。与前文两个阶段的考试一样，考生在获得举行院试的消息之后当然首先是交报名费，关于学政主持的院试的资料要比县试、府试多一些了。

张之洞曾任湖北、四川学政

明朝末年的白话小说《鼓掌绝尘·月集》提到，陈珍要参加秀才考试，父亲对他说："孩儿，十五日已是岁考日期，你爹爹昨日先替你买了卷子，不知还是寻那一个保结？""陈珍听说个岁考，一霎时面皮通红，心中暗忖道：'这个却做出来！'便随口回答道：'孩儿还去馆中，与先生商议，若寻得一个相熟的，还省些使用盘费。'"

●院试参赛的注意事项

这里提到几件事，第一件事是交报名费，也就是"买卷子"，父母在交完报名费之后才告诉自己的孩子考试日期，可见关于考试日期，做家长的也十分关心，关于报名过程的种种杂务甚是有可能是由父母来包办的，明清时期考上秀才的平均年龄是 20 多岁，很少数年龄较大的人，还有大量考不上的人，所以大部分参加童生试的考生年龄确实不太大。所以父母包办，似乎也是可以理解的，

其实小说《鼓掌绝尘》中的这位陈珍，这时候复习得并不好。"这个却做出来"！自认还不能熟练写作八股文，但是父母已经报上名了，可见只要符合条件，都要参加秀才考试，这可能未必是考生本人的意思，而是父母、亲朋、老师等各种人的要求。

另外一件事是找人做保结，即担保。学政主持的院试要比县试、府试对此的要求更为严格，这件事专业性太强，父母做不了主，要询问孩子的意见，因为担保人需要往届的秀才来担任，父母可能根本一个秀才都不认识，所以需要孩子委托自己的老师代为寻找，而且担保人也是需要花钱请的。对于秀才来说，这也是一项收入来源。

●担保花费多少

找担保人要花多少钱？在明末清初时开始流行的话本小说《人中画·自作孽》中交代了当时徽州人的回答："徽州各县童生俱要廪生保结，方许赴考。原来徽州富家多，凡事银子上前，廪生、府县、道三处保结，穷煞也要几两。""几两银子"便是结论。

《人中画》接下来的叙述更为详细了，汪费要找黄舆作担保，

"汪费道：'门生不瞒老师说，家中只有薄田二亩，以为家母养膳之资。门生欲售一亩奉献老师，因考期甚迫，急切里没有售主，今不得已，只得将田契托舍亲押得酒资少许，乞老师笑纳，勿以凉薄为罪！'随将银封送上。

泰州科举院试博物馆

黄舆接看是一两银子，便低头只管踌躇。汪费见黄舆踌躇，只道他嫌少，连连打恭恳道：'门生非敢吝惜，实是无处挪措，老师若嫌轻微，待府县取了，容门生将田卖了再补何如？'"一两银子嫌少，总共下来需要几两银子，这基本是当时的价格。

●参加院试的"准考证"

像前文所述的考试一样，考生会领到一张当时称为"院试卷结票"的准考证。一张流传至今的院试票上写着如下的信息：

成都府华阳县正堂样（注："样"可能是官员名字）为科考事案奉府宪举行考。该城外下一甲（注：考生住址）文童亲身赴房，

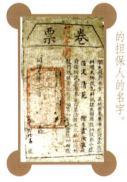

同治九年（1870）院试卷结票

院试卷结票上包含了关于考生的各种信息，既包括考生如何使用院试卷结票，也包括考生的家庭住址、祖孙四代名字、老师的名字、邻居的名字、一同参加考试的相互担保的考生自己找的已经是秀才的担保人的名字、政府派给的担保人的名字。

投纳卷结，收执以备查考；此票给该童知悉，于点名时执票领卷。该文童李陞荣各有凭据，如无卷票者不准入场，各宜进照，毋得自误。曾祖廷先、祖玉兴、父赞文、业师张德芳、里邻屈云飞、互结高绍聪、认保张孝友、派保彭宝杰。光绪年月日。

票左则有一行小字：

此票本童至廪保处过押，该童仍收存，临点领卷备查无此票者，不得领卷，毋得自误。

另有朱印"贰场"字样以及朱红大印一枚。

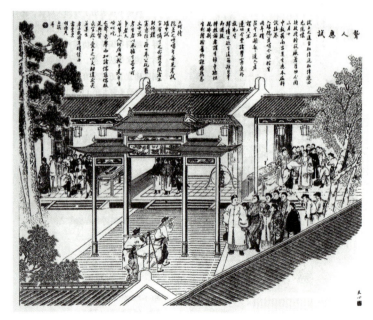

聋人应试图　图中所讲的是一位考生，因没有听到点名而被杖责之事

●卷票的意义

这些形形色色名字一方面是为了防止冒名顶替，以便相互监督，另一方面也意味着考生参加考试不单单是个人行为，需要通过这些基本社会关系的认可，所以当时的人也认为，这在本质上即是乡里察举的遗风。比如明冯梦祯《历代贡举志》说："里老保其行，试而升之学，再保其行，试而升之省，是犹里选之意也。"

●院试的步骤

院试开考当天，半夜就得起床，因为参加考试人更多了，点名点得更早了。一般来说，总是几个县一起考，点名的时候天还不亮，所以在点到某个县的时候，就会点一盏很大的灯牌，灯牌上写着这个县的名字，看到点着自己县的灯牌，这个县的考生就会围拢过来，上前仔细倾听是否点到了自己的名字。

这时候，一般是该府所在省的学政亲自点名，院试是各个府衙门的大事，也是各个县的大事，府县的主要官员也会在一旁帮忙确认考生的身份。院试需要每个考生找一个人做保，后来变成两个人，一个保人考生自己找，另一个由官府派，再后来又增加了同时考试的考生之间的互保，以保证多方面力量相互牵制。

在点到名字的时候，考生即上前应答，同时高喊："某某人保！"保人此时也需要在场，听到喊声，自己同时也需要走上前喊一声："某某保！"因为人多嘈杂，没有扩音器，所以即使距离近，也需要大声喊。之后，该考生即可凭票领取自己的卷子进考场了。

如果此时查出冒名顶替，那么就要受到惩罚。惩罚的方式是带着十几斤重的枷子跪在考场门口，直到考完为止。

●搜身检查

考生进考场需要搜检。考秀才的搜检没有考举人那样严格，经常出现考生成功将小抄带进考场的情况，考生们最喜欢带的是字很小的微型"四书五经"，尤其是"四书"，因为如上文所述，考题都出自这些书中，但是有些考题出得很奇怪，是截搭题，这样的题目让很多不熟悉"四书五经"的考生摸不着头脑，不知道出自"四书五经"的哪一句，如果能带着原书进去，就能知道了，在写文章的时候也不至于出现没能理解题目的意思而跑题的情况。

但是假如一个考生连"四书五经"都没有背过，必然也写不出什么像样的文章来，所以大多考生也根本不会带小抄进去，因为带了"四书五经"仅能知道题目的出处，翻书又浪费时间，而且也换不来文章的内容，还是需要自己写，而且大部分考生对"四书五经"都能背得滚瓜烂熟，翻书倒不如依靠记忆来得方便。

●上厕所的问题

进场之后，每个人都在自己的桌子下边放着一个瓦盆，这是供小便用的，因为考试持续一整天，至于大便，考生只好在考场中自己想办法了，考试不止一场，所以考场的情况比较复杂，尤其是味道会一场比一场重，但是考生们也只好忍了。

考秀才每一场都要持续一整天，这些考试以写文章为主，需要给考生留足构思、打草稿、认真抄写的时间，到了更上一级的乡试，一场则是三天，题目数量更多，环境更为恶劣，而考生也更苦了。

●因考致病

在这样恶劣的环境下，加上大多考生年纪并不大，且又远离父母、身处异乡、精神紧张，所以因考致病的人不在少数。

比如清代朱增藉《疫证治例》记载，戴西斋在"六月府试时，生一外痔，如鸡子大，考一场，发一次。"痔疮一考试就犯，当然跟考生因为参加考试久坐而焦虑、劳累等有直接关系。

再比如，明代薛己《口齿类要·喉痹诸症五》记载"一儒者三场毕，忽咽喉肿闭，不省人事"，这是焦虑上火，汤水不到，急火攻心所致。

再比如，薛己《疠疡机要》中卷记载："一儒者应试后，遍身瘙痒，后成疙瘩。"这类的记载非常之多，所以曾国藩给自己的家人写信说，不要过早的参加童生试，以免孩子们在考场上太过辛劳，身体受伤害。

图 7　犹有童心图　此图描绘一次院试时，考生们围观 5 位白发苍苍的老童生，而他们却神态自若，照常参加考试，但最终仍旧没有考中的故事。

●从一张试卷看科举

从一张流传至今的清代光绪十四年山西省阳泉市盂县的，一位叫做李延庚的考生的院试考卷中可以看到一些更为丰富的信息。

这张试卷的右上方，写着"超三"，童试的录取结果分为超等、优等，超三的意思就是超等第三名。

答题卷的内容的包含两部分，一部分是八股文，题目是"厄穷而不悯"，这个题目出自《孟子·公孙丑下》(《孟子·万章下》也有这句话)，原文本是赞扬春秋时期鲁国人柳下惠品格高尚的话——"柳下惠不羞污君，不卑小官；进不隐贤，必以其道；遗佚而不怨，厄穷而不悯。"

出题者即以其中的"厄穷而不悯"为题目，要求考生写一篇不多于(当然最好也不要少于)七百字的文章。这位叫做李延庚的考生主要写了当一个人在遭遇"厄穷"的困顿境地之时应该如何保持自己精神的高贵这些内容。

八股文后面是首诗，题目是"赋得冠山移得近城头——得山字五言八韵"。秀才考试的主要内容一方面是出自"四书五经"的八股文，另一方面就是给出一个题目要求写一首诗或者一篇赋，诗赋不同于八股文之处主要在于其更加注重形式美，全篇的句子必须对仗工整、合辙押韵，对形式的讲究胜过对内容观点的注重，此处的要求是押"山"韵，写一首五言八句的诗。

一般情况下，诗赋的题目主要出自历代文集，也就是经史子集四部中的集部，此处的这首诗的的题目出自元好问的一首诗，因为这是山西的考试，元好问的祖籍正是考生所在之地，原诗如下：

新堂缥缈接飞楼，云锦周遭霜树秋。

若道使君无妙思，冠山移得近城头。

这首诗本来是描写山西省著名的书院——冠山书院的。院试的出题人将其中的一句话作为题目来出题，既有地方色彩，也十分雅致合体，只是不知道考生们是否读过元好问的这首诗，否则真不知道如何写出在内容上合乎标准的诗来。

●评语的分量

这套卷子第一页的背面是考官的批语："意精、语切，不负题事。本拟第一，因交卷太迟故稍抑之。"这是非常珍贵的内容，由此可以想见当时院试试卷批改的情况。考官认为这位考生的文章意思表达得准确、到位，语言使用十分确切，与题目完全相合，这些评价标准不是"楷法"，而是表达能力，表达得比较好，就可以得第一，但是一个重要的因素限制了得第一的可能，那就是交卷太迟了，所以结果变成了第三名，可见，考生交卷早晚也是重要因素。

考卷的正文中点点圈圈满篇，眉批有"落落大方、精湛"等字样，但这不可能是考官的批语，而是考完之后的其他人拿来作为标准范文阅读时的评语。

●院试过后还有什么事情

在考完院试之后，有的时候也会有复试，复试也很重要。复试的形式有时候是笔试，有时候则是面试，弄得考生更加紧张了。

院试不比府试更难通过，因为相比于学政，府试的主考官所管辖的范围要小得多，而学政要负责所在的一个省所有县的考试，所以学政主持考试一考就是几个月，需要连续而且迅速地评阅各地考生写得大同小异的八股文，按照正常速度即使累死也看不完，所以不可能十分仔细，所以很倚重前面府试的成绩。

●录取之后

经过县试、府试、院试的儒童，由府衙门根据该年度名额多寡做出录取决定，同时附上考生的长相特征、三代直系亲属情况、籍贯等内容，上报本省学政（学政此时还留在府衙内）待批。考生参加县试、府试、院试十几场的考卷原文一大撂也会被装订起来，盖章、贴封条，交给考生，在考上之后到所在学校验明笔记真伪。

秀才录取与否在考完之后很快就能知道结果。如果考中了秀才，消息自然先是考场所在的府城内的人先得到，但是考生大多来自乡下，在这时候有一些专门做报信工作的人，会将信息以最快的速度报告给考生家人。所谓的最快速度，很少是骑马，多是以最快的速度跑去的。

●报喜人能得多少赏钱

院试举行的时候多是农闲时节，附近乡下的农民本来无事可做，这样报喜的事情也是好事，而且可以从中赚得些许银钱，所以从来不缺人来做，而且有竞争，第一个送到喜讯的人得到的赏钱要多一些。

秀才录取的消息被张榜公布后，会有很多人去看，送信的人看到有本乡的人，就立刻用红纸条书写一个报单，上面一般写着"贵府少爷某某今蒙钦命提督某处学政某大人，取中第××，特此报喜"等字样，拿上纸条，报信的人就快速奔跑。如果路途比较远，则会有接力，也就是跑到某处，将纸条交与下一个人，下一个人接着跑，直到秀才家门口外，大喊："报喜！"

秀才家中的人此时便能知道消息了，此时秀才还没有回来，还需要留在城里处理一些考上之后的琐事。所以一般来说，报喜的人确实给秀才家中的人和同村的族人带来了好消息。

当然，将写有喜报的纸条交上之后，可以得到几百文赏钱，明清时期的一两文铜钱就可以买不少日用的东西，所以这几百文钱对于贫苦人家来说也算是不小的额外收入。此外，大多时候，报喜的人在向秀才本家报完之后，还要到秀才的亲戚家、老师家，甚至朋友家报喜，也多少可以得到一些赏钱。

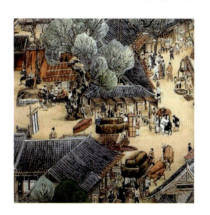

●答谢的流程有哪些

秀才考完院试、录取结果出来之后还留在城里，一般要等着将学政送走后，才能回家。所谓的"送"便是在学政走之前，所有这一年考中的秀才集体参与拜见学政的活动，从此，这一年的秀才便都是该学政正式的学生了。秀才们自称门生，称学政为座师，同理，秀才所在府、县的知府和知县也都是座师，同一个老师的学生之间互称同门，同一年考上的秀才相互之间也都逐渐熟识，互称同年。

学政或者要赶赴下一个府主持考试，或者回省城驻地。

送走学政，新中的秀才即刻回家。回家之后最大的事情是祭拜祖先，要穿上特制的衣服，与家人一起到祖坟上磕头祭拜，告慰祖先。

如果是贫寒之家，就在自己家里做点好吃的，如果家庭稍微阔绰一些，有时候还会举办宴席，请些客人来热闹热闹，甚至还会出钱在村里唱大戏。

●考上秀才的荣耀

考上秀才之后是很风光的，尽管仅仅是个秀才，但是一般来说一个村很多年也出不了一个。像杨懋春笔下的《一个中国村庄：山东台头》中所描述的山东省台头村自古以来就没有出过秀才。

从《儒林外史》第二回顾小舍人考上秀才之后的情景，可以看到一些当时的状况。

顾老相公请他在家里三个年头，他家顾小舍人去年就中了学，和咱镇上梅三相一齐中的。那日从学里师爷家跑了回来，小舍人头上戴着方巾，身上披着大红绸，骑着老爷棚子里的马，大吹大打来到家门口。俺合衙门的人都拦着街递酒。落后请将周先生来，顾老相公亲自奉他三杯，尊在首席。点了一本戏，是梁灏八十岁中状元的故事。顾老相公为这戏，心里还不大喜欢。落后戏文内唱到梁灏的学生却是十七八岁就中了状元，顾老相公知道是替他儿子发兆，方才喜了。你们若要先生，俺替你把周先生请来。

这里所说，大致不谬。学生中了秀才，塾师也是可以风光一阵的。

秀才身份的确定不像今天依赖毕业证或者资格证，每个证书都有单独的编号，不过所有秀才也都有属于自己的编号，这一编号的内容包括主考、年份和考中时候的名次，即"由某学政主持下的某某年院试的第某名"。

● "后秀才时代"

考中秀才，本来意味着获得了进入府县学进行学习的资格，本质上好比今天考上了某大学，考上之后要入学。在理论上，接下来还会有一堆考试，尽管这些考试没有童生试那样严肃，但是也是考试。

考上秀才之后的考试主要包括日课、月考、季考、岁考、科考、观风等。总之，考试还远远没有结束。

按照规定，童生被录取后，必须在规定的时间内入府学或者县学。入学之后，新秀才们首先面临的是复试，再考一次，然后把原来参加县试、府试、院试的试卷全都取来，与这次考试的笔迹进行对比，验明原来的考试是否替考。

鼓箧上庠　乾隆二十九年，河南登丰县知县王之霖为鼓励该县秀才张裕，题写此匾。

●秀才的考试之旅

在理论上，府、州、县学的生员须要每天都到学校去，并参加日课。明朝初年规定，府有教授、州有学正、县有教授各一人，下设训导，府4人、州3人、县2人。明朝模范官员海瑞的看法是："窃谓教官于生员，日课月考，日夕与处者也。"可见，日课、月考是基层教育工作者的基本任务。

●日课与月考

所谓日课，即是对生员每日所需完成任务的要求。日课的具体内容，大致包括签到和写文章两种。按规定，老师要每天都到教室，与学生一起研究经书、讲明义理、撰写作文，到了晚上则往来巡视，督促生员诵读。学校里有点名用的"卯簿"，生员每天都在在"卯簿"上签字，凡是发现无故不到的，掌印官就要用红笔记下来，三天之内，按规定执行责罚。

每月之内，逢三、六、九日就要正式写作。上旬的写作要求是"四书"义三篇，也就是以出自"四书"中某句话为题目，在初三、初六、初九三天各写一篇八股文；中旬是经

学堂中供奉的孔子牌位

义三篇,也就是按照出自"五经"中的题目,写八股文三篇;下旬论、策各一篇,表、判同日各一篇等,也就是写议论文和应用文。

所谓月考,即是秀才们在日课以及三、六、九日写作文的基础上,每到一月之末,还要参加考试一次。内容基本上仍是老一套,"四书"义或经义、论、策各一篇。季考内容类似,只是更加正式一些。

不过以上所述,只是停留在官方文献上的理想状态,最初也可能执行过,但是到了后来,各级学官往往都是选派年齿衰迈、迂缓无能、才具平庸的人,或者是一些阘茸驽弱的卸职官员充当,这些人基本上都是敷衍塞责地混日子。学官无心教,生员无心学,慢慢的,秀才们根本不再去学校了,只是到了月底去考一次试,再后来,月课和季考也成了摆设。

●由学政亲自主持的岁考

于是,生员在学期间最重要的活动,只剩下了上级领导兼老师——学政来了之后,由学政亲自主持的岁试和科试。按规定,每位学政的每三年的任期内要举行一次。

岁试多与院试一前一后举行,岁试的主要目的是确定不同秀才的等级,以便发放补贴。因为本来每个县能够享受政府生活补贴的秀才的数量是固定的,比如明朝洪武二年（1369）规定,府学 40 人,州学 30 人,县学 20 人。正因为在府州县学学习的秀才,如同政府官员一样,有名额的限定,所以称之为生员。

但是随着越来越多的人要求进入府州县学学习,秀才的数量越来越多,于是秀才之间就被分成了三六九等,只有一部分秀才能享受国家提供的补贴,这部分秀才被称为廪膳生员,简称廪生。在员额之外增加的名额,称之为增广生员,简称增生。再后来,在增广生员又额外增取，取附在诸生之末的意思，称附学生员，简称附生。廪生、增生、附生统称诸生，俗称秀才。但是"新来"的秀才只能为附学生员。

●不同等级的待遇差异

岁考的结果共分六等，如果新考上的秀才考得了一等前几名，而此时廪生的名额如果有空缺，那就能成为廪生，如果没有就依次为增广生。考得一二等给赏，三等如常，四等挞责；五等降等，廪生和增生递降一等，附生降为青衣，即不允许再穿秀才的专门衣服—襕衫了，以示惩戒；如果考得六等，直接黜革。实际上，考试最终列下等的很少，尤其是清中期以后，大都列前三等。不过在小说中则会有四等的情况，在《儒林外史》第七回，梅玖岁试考了四等，做学政的范进要按照规定责罚他。

"次早发出案来，传齐生童发落。先是生员。一等、二等、三等都发落过了；传进四等来，汶上县学四等第一名上来是梅玖，跪着阅过卷，学道作色道：'做秀才的人，文章是本业，怎么荒谬到这样地步！平日不守本分，多事可知！本该考居极等，姑且从宽，取过戒饬来，照例责罚！'梅玖告道：'生员那一日有病，故此文字糊涂，求大老爷格外开恩！'学道道：'朝廷功令，本道也做不得主。左右，将他扯上凳去，照例责罚！'说着，学里面一个门斗已将他拖在凳上。梅玖急了，哀告道：'大老爷！看生员的先生面上开恩罢！'学道道：'你先生是那一个？'梅玖道：'现任国子监司业周姜轩先生，讳进的，便是生员的业师。'范学道道：'你原来是我周老师的门生。也罢，权且免打。'"

在小说作者的眼里，所谓的责罚，就是打屁股，不知道真实的历史是否如此。由于梅玖撒谎说是自己是周进的门生，周进是范进的座师，于是梅玖与范进成了同门，看在同门的面子上免除了对梅玖的责罚。

许多秀才正是凭借着补贴过生活的，如果比较在意这些补贴的话，一旦考不好，补贴就很有可能被停掉，所以只能认真准备，好好考。即使不是廪生，或者不在乎国家的补贴，岁试也是一大负担，不再参加岁试是很多秀才的梦想。

●乡试的试金石——科试

学政主持的另外一次考试是科试或科考，所谓的科试，其目的主要是确定参加更高一级的乡试的资格。考试结果也分为六等，奖赏与惩罚的规定与岁试大致相同，不过更重要的是，只有考得一、二等的秀才才有资格报名参加乡试，三等及以下不能赴乡试。

乡试试卷

乾隆二十三年（1758）规定，除了一、二等之外，大省的三等前十名、小省的三等前五名，也有资格参加本省乡试。《儒林外史》第四十四回写了余持参加科考的情景，描述得很清楚：

> 又过了十多天，宗师牌到，按临凤阳。余二先生便束装往凤阳，租个下处住下。这时是四月初八日。初九日宗师行香，初十日挂牌收词状，十一日挂牌考凤阳八属儒学生员，十五日发出生员复试案来，每学取三名复试，余二先生取在里面。十六日进去复了试，十七日发出案来，余二先生考在一等第二名，在凤阳一直住到二十四，送了宗师起身，方才回五河去了。

进学成为生员、得了秀才的名号之后，除了少数希望在科举的征途上走得更远一些的人会继续用功之外，大多数人已经是心满意足，即此止步，不再翻动书本，更少开笔作文。三年两次的考试，也就成为这些秀才们最痛苦的事情了。每当听到岁试或科试的通知，这些人便临时抱佛脚，拿起书本赶忙用几天功。"书生本是秀才名，十个经书九个生，一纸考文传到学，满城尽是子曰声。"说的正是这一现象。

第四章　秀才的生活与事业

秀才只是一个名分，不能做官，国家也不会给秀才官做，所以单凭秀才身份不能实现「三年清知府，十万雪花银」的理想，也不能报效国家。

●秀才的选择

秀才只是一个名分，不能做官，国家也不会给秀才官做，所以单凭秀才身份不能实现"三年清知府，十万雪花银"的理想，也不能报效国家。要想做官只能考举人，如果考不上可以掏钱买个贡生，也有混个小官的机会，除此之外似乎再没路可走了，但是大多数秀才根本没有想自己要走做官的路，他们的目光大都集中在自己生活的本地。

秀才也有自己的理想，明代有一位叫做吴平坡的秀才，平生有三大愿望：一愿芜湖抽分；二愿买杨千户房屋；三愿买某娟为妾。基本上是先秦时期杨朱的思想："丰屋、美服、厚味、姣色，有此四者，何求于外？"而且希望不劳而获，靠提取股份过日子，不过要注意到，这些理想都是属于"在本地发展"的思路。

回头来说，考上秀才并不容易，需要考生本人的天资，需要勤奋的努力，也需要家庭的经济条件作支持，对于大多数家庭来说，做父母的希望家里能出个秀才，以便能在四里八村有个支持门户的人，至于参加乡试，考举人，大多数人一般不去想。

●什么样的秀才才想去考举人

明清时期，选择继续参加乡试的有几种情况，一种是科举世家，父亲或者祖父因为没有考中举人而觉得一生遗憾，所以坚持要自己的孩子参加乡试，考举人，这类家庭非常少；第二种是本身就是官宦家庭，考举人做官是很普遍的现象，这种情况也不多；因为大多数秀才的背景都是普通人家，剩下的一类大都是"特别上进型"的考生，是秀才们自己认为只有考上举人，才能出人头地过上幸福生活，或者过上真正的读书人的生活，所以坚持一定要考取举人。

《儒林外史》第三回，范进在童生试中本来考了第一名，考官周学政也称他写的文章"火候到了，即在此科一定发达"。可是当范进去向他的丈人胡屠户借钱时，却被胡屠户骂了一个狗血喷头。

你自己只觉得中了一个相公，就癞虾蟆想吃起天鹅肉来！我听见人说，就是中相公时，也不是你的文章，还是宗师看见你老，不过意，舍与你的。如今痴心就想中起老爷来！这些中老爷的都是天上的文曲星！你不看见城里张府上那些老爷，都有万贯家私，一个个方面大耳。像你这尖嘴猴腮，也该撒泡尿自己照照！不三不四，就想天鹅屁吃！趁早收了这心，明年在我们行事里替你寻一个馆，每年寻几两银子，养活你那老不死的老娘和你老婆是正经！

这可能是当时一般人的观念，如果考上了秀才，即使不再考举人，也照样能混了。

●考上秀才之后的几种选择

一般的考生考上秀才之后，可以有几种选择：一种选择是教书，以秀才身份找几个学生教书在绝大多数地方是不愁工作的，这也是最常见的选择。第二种选择去书院读书，这种选择在一般小说、戏剧等文学作品中不经常出现，研究者也不太注意，其实各省的公私书院一般会有比政府补贴多出好几倍的钱，以保证学生安心学习，这当然也是需要考试的；第三种选择继续学习，参加乡试以考取举人。大多数情况下，为了生活，都只是做第一种选择，比较有上进心的秀才为了继续梦想，则同时选择第二种和第三种，当然也有同时选择第一种和第三种的。

●考秀才的物质投入

先来看看考秀才过程中的物质投入。要想考取秀才，重要的投入是投师从学的费用。在考取秀才进入府州县学学习之前，教育主要是由学塾承担的。

此外，从前文所述可以知道，在考取秀才的过程中，与考试直接有关的物质成本包括很多方面：比如三级考试所用的报名费，也就是文献中说的买卷子钱，三级考试时请担保人的报酬等。

考上之后的新秀才入学时还要花点钱，比如明代的秀才入学后，还需交给礼房（衙门里的教育局）一些礼银，一般每人三钱。这不算多。

入学拜见老师也要给钱，后来的秀才们对此感到很不满。如果出现少数不收钱的老师，那就可以被作为奇怪的优秀典型，大书特书了。比如明朝的《型世言》第八回里讲到："他却不像如今的教官，只是收拜见，索节钱，全不理论正事的。日逐拘这些生员在斋房里，与他讲解，似村学究训蒙一般。"在《二刻拍案惊奇》卷二十六中，高愚溪说：

> 当初吾在沂州做学正，他是童生新进学，家里甚贫，出那拜见

53

钱不起。有半年多了，不能勾来尽礼。斋中两个同僚，撺掇我出票去拿他，我只是不肯，后来访得他果贫，去唤他来见。是我一个做主，分文不要他的。

如果不交见面礼，甚至可以动用权力将学生抓回来，可见这种"惯例"多么深入人心。这位高愚溪当年没有收一个穷学生的拜师钱，后来这位学生做了福建巡按，一直还记挂老师，还特意来拜访。

●贫困生的"绿色通道"

以上是个别的好现象，但明末清初的小说《云仙笑·拙书生》中提到那时也有贫困生受到照顾的好制度。

大凡人家子弟进学之后，就要备贽仪相见学师。那贽仪多寡，却有规则，分为五等。那五等，却是：超户、上户、中户、下户、贫户。那超、上二户，不消说要用几十两银子，就是中、下两户，也要费几金。只有贫户，不惟没有使费，还要向库上领着几两银子，名为助贫。

此外，新秀才考中之后要买秀才的特制衣服。蓝衫、头巾、皂靴等。比如《鼓掌绝尘·月集》也有明确的记载："那陈进听人来报说孩儿入泮，一家喜从天降，也等不得择个好日，便去做蓝衫，买头巾，定皂靴，忙做一团。"因为是特制的衣服，所以可能价格不菲，需要几两银子。

●秀才的收入

现在再来看考中秀才之后可以获得的收入。

首先是很多秀才在考上之初可以获得一些以家族为名义的奖励，比如《查氏义田酌定规条》载："议定县试助费一千文，府试、院试各二千文，应岁试者助费二千文，乡试正科举者助闱费六千八百文……其县试正案三十名内加奖一千文，府试正案倍之。"这些钱来自以整个家族为所有者的土地租金收入，大都一次性发放。

秀才中有一部分是廪生，国家发给廪生的补贴到底有多少呢？明朝洪武二年（1369），"太祖初建国学，喻中书省臣曰……师生月廪食米，人六斗"。后来可能有所提高，张仲礼在《中国士绅的收入》中提到，"在大多数州县，每名廪生每年可得到4两银子。"通过对比就可以知道这一年4两银子到底有什么意义。据《宛署杂记·宫禁》记载，当时社会上地位较低的工匠们的年收入大致上是这样的："木匠工食银四两五钱，雕奎匠工食银四两二钱，捏塑匠工食二两五钱，妆奎匠工食银三两，油漆匠银二两三钱……"

此外，明清时期在农村地区做长工的农民的年工资大致在二两至四两银子之间。但是全国各地相差很大，东北、浙江高至十两以上，贵州等地低至一两，而大部分在三两到六两之间。张仲礼在《中国士绅的收入》提出："一个乡村或城市的劳动者除雇主提供的伙食外一年的平均收入只有5到10两银子。"这里是指净收入，我们以一般劳动者的年收入作为10两，大体不差。

可见一个廪生的补贴，与一般工匠和其他劳动者的年收入大致相仿。而且在某种意义上，这笔收入几乎是额外增加的。因为中了秀才，他并没有脱离乡村社会，也并一定要进学读书。也就是说，如果秀才家里原本就有一些种地而得来的收入，现在考上秀才之后，这些收入并不会减少。当然，如果一个廪生秀才什么都不干，只依靠这点补贴来过生活，必然穷酸得很，只能勉强填饱肚子，剩下的钱可能连衣服都买不起了。

●秀才还有哪些额外收入

秀才还有一些别的收入，比如给参加秀才考试的人作担保。秀才作为一乡知识的精英，还会承担起作为一个知识精英所应该承担的社会责任，承担乡村社会几乎所有和知识有关的社会工作，比如：为别人的孩子起名命字；为人撰写墓表、墓志铭；逢年过节为别人拟撰并书写对联；帮助本族甚至其他宗族编修家谱；甚至观天文、查地理，为亲邻占卜吉凶、推算人生命理、看相、堪舆等等。这些都会增加秀才的收入。

当然，秀才最直接的收入是担任塾师。张仲礼在《中国士绅的收入》中指出："一个高级官员，比如一个巡抚，估计其年收入约为18万两银子；重要的地方行政官员，比如知县，约为3万两银子；一个学官约为1500两银子；一个为地方高级官员服务的幕僚的年收入亦有1500两银子，但若为知县服务，则为250两银子。"（《中国绅士的收入》，第196页）而有绅士身份（即获得生员以上功名）的塾师，人均从业年收入约为100两银子。我们的研究表明，明清时期，不具有绅士资格的普通塾师，一般一年只有30两左右的收入，而一般劳动者的年收入约为10两。生员担任塾师，不仅是一般劳动者的近十倍，而且也是没有功名的塾师的三倍左右。可见，考中秀才之后的人去做塾师所获得的收入还是比较可观的。在绅士阶层中，以塾师的收入虽然最低，但从全社会来看，具有秀才身份的塾师，收入足够他和他的家人过上小康生活，而广大普通的塾师，其收入在正常情况下，也能保证一家人的温饱。

当然，秀才的价值，还不只是经济收入的问题，更重要的，还在于他的社会地位，这是后话。

朱元璋对秀才的圣谕

●一个秀才的奋斗史：王锡彤的谋生之路

　　以清朝末年河南省汲县的一位叫做王锡彤的秀才为例，可以较具体的说明那个年代，我国中原地区秀才的生活与收入，也可以从中清晰地看到一位出身底层、家庭贫困、天份中等，但是好学上进的学生考取秀才前后谋生与做事的历程。

　　根据王锡彤留下的著作《抑斋自述》记载，王锡彤出身于一个不太富裕的家庭，父亲也是秀才，在获得功名之后，曾经给盐商的孩子做过塾师，后来即跟随该盐商经营盐业，但是主要是给人打工。王锡彤自幼年起开始频繁更换塾师，以至于学业进步缓慢。

　　在王锡彤十六岁的时候，父亲病故，此时的王锡彤在父亲曾经工作过的盐商那里做学徒。可是王锡彤读书之心未泯，常常向当地的一位叫做范扬卿的儒者请教学问，"先生亦频来肆中访余作长谈，

或为余批点文字。然商肆之中作此酸态，同伴嫉之，肆主人亦不以
为然"。

王锡彤墓

◎弃商读书

读书与经商的环境毕竟有些格格不入，加上王锡彤认为经营盐
业是一种出卖良心的事情，当时卖盐的商人要依靠往盐中加水增加
重量来赚钱，但是有强烈道德感的王锡彤"顾夙夜思之，此卖良
心钱也。人生良心，能有几何？而日日卖之，尚余何物"。所以17
岁的王锡彤不顾家庭的贫困状态，毅然辞职回到老家。母亲听到儿
子的解释，也表示支持。王锡彤在《抑斋自述》中写道：

> 次日至家见母，骤然哭。母大惊，详细研诘，亦哭慰之曰："广
> 痴儿毋哭，我家世守诗书，决不忍令汝废读，第读书须受苦耳。"
> 因踊跃自承："小米粥咸菜我甘之。"自是键户读书，每夜至二鼓。
> 母子共一灯，母操作，儿读书。亲友讥诮一切不问。一日路见老辈，
> 拱手侧立，竟过不顾，余愧耻欲死。

两年之后，光绪十年（1884），19 岁的王锡彤以县试第一、府试第二、院试第三的优异成绩考中秀才。次年参加乡试，未中。

◎开设私塾的岁月

王锡彤回到故乡，于光绪十一年（1885）开设私塾，招收了 5 位学生，每年可以挣到铜钱三十千（大约三十两银子）。1886 年，卫辉知府李增甫卸任后聘任王锡彤担任其子孙的塾师。李增甫给王锡彤开出的薪水为月俸白银五两，外加零用铜钱二千。可能因为王锡彤有秀才的身份，一年之间，工资翻倍。

从前文所述可以知道，考取秀才的过程非常之繁琐，在信息不发达、交通不便利的时代，对于一个出生在乡下普通人家的孩子来说，考试过程中的种种讲究，实在无从知晓。

那个年代，乡下连正经的书都没几本，更不用说专门针对秀才考试的参考用书了。如果有一个参加过秀才考试，最好是成功的考上了秀才的老师，就可以把秀才考试的每一步，什么时候参加哪种考试，如何报名，考场注意事项，包括如何练习楷法，如何写好八股文等等信息完完全全地讲给考生，那学习才会有效率，考中的几率才会大大增加。

一年七十两，相比与上层社会实在没什么，但是对于像王锡彤这样的家庭来说，实在不少了。可是面对这样的高薪，王锡彤却只教了一年书就不干了，因为"自念乡里教授非长久计，惟有举人、进士是前途发达之方"。

◎ 在大梁书院深造的日子

一句话，王锡彤是个上进的人，工作会耽误进一步学习，于是便辞职前往位于河南省会开封府的大梁书院继续读书。王锡彤在河南开封书院也是有收入的，"月支膏火银一两五钱，足为饮食之需。每月再得奖金，仍可寄家为养"。

此时的王锡彤已经是一个孩子的父亲了，可是一个月的补贴一两五钱银子却还花不完，还能给母亲寄钱，可见少年时代的简朴习惯一直保留着，这也因为以农业为主的年代并非是消费社会，可供消费的内容主要是米、面、衣物等基本生活用品，对于一介书生来说，此外很少有其他花销。

当时的书院给考生的补贴金额很高。不仅河南的书院如此，各地书院，尤其私人书院皆是如此。比如乾隆末年，江西南昌友教书院住院内课诸生初每月膏火银8钱，因"实不足以供膳粥"，所以提高到每月1两2钱，嘉庆八年（1803），官府核定福建鳌峰书院住院生自炊每月饭食钱为1两4钱。

相对于国家对秀才的补贴，书院给学生的补贴数额非常之高，在私立书院中尤其如此，全国书院每年给学生的补贴数额远远高于由国家财政直接拨附给廪生的补贴，所以考书院的竞争激烈程度也不亚于考秀才。

◎全国书院的支出总额

据张仲礼研究，全国有 112500 名住宿书院的学生每年共得
到津贴 1687000 两银子左右，而不在书院住宿的约 9 万名学生共
得到 675000 两左右。这些学生每年从书院获得的津贴总数约为
2362000 两银子。根据基本购买力，一两银子大概相当于今天人民
币不到一千元。以人人都需要的主食大米为例，清朝康熙六十一
年《苏州米价并进晴雨录折》云："米价上号一两一钱，次一号九
钱二分。"根据《阅世编》《历年记》等文献记载，康熙年间，白
米的价格变动幅度大致在每石价银五六钱到一两二三钱之间。因此
大概说来，一石米的价格在较高的时候大概是一两白银。今天一斤
大米的价格大概在人民币 2.5 到 3 元左右，以此推算，一两银子大
概相当于七八百元人民币左右。而普通家庭在吃穿之外的消费物品
比今天要少很多。

上面的数字换算成今天的人民币之后，意味着全国书院每年直
接付给学生的生活补贴总数是 23.62 亿元人民币。

◎王锡彤的个人奋斗

据记载，王锡彤在之后的光绪十四年（1888 年）、十五年（1889，
光绪大婚恩科）、十七年（1891）、十九年（1893，恩科）、二十
年（1894）、二十三年（1897）都曾参加乡试，但是一直没有考中。
1889 年乡试不中，王锡彤"复为童子师，馆于徐氏"，每月可得铜
钱三十余千。由此可以进一步证明，秀才塾师在中原地区是有一个
比较稳定的基本工资数额的。

再后来，王锡彤因为家中房屋有余，便不再出外教学了，而是
开始在自己家里开馆授徒，持续多年。

不久之后，王锡彤所教的学生接连几次有人考中秀才，于是名声越来越大，附近的新乡、延津、滑县、浚县等地都有学生负笈远来，这便需要为远来的学生提供食宿，"灶下妇不能支，觅一老仆佐之，月给铜钱三百枚"。后来大梁书院请去读书考课，他都谢绝了，可见在此期间，王锡彤的生活和收入都比原来有了提高，工作环境也比较合意。

进入 20 世纪，因为王锡彤所在当地义和团运动造成了社会不稳定，王锡彤受聘参加直隶南部的团防筹办，之后受到推荐担任山西省一所新式书院的山长，逐渐接触新知识，并与 1905 年回到故乡河南汲县，创办各种新式学堂，为中国地方新教育的发展做出了贡献。

总的来说，王锡彤出身于秀才世家，其一生也是完全围绕着秀才身份而存在的，从早年的读书生活，到后来不愿意参与盐业生意辞职回家，再到后来以秀才身份做塾师，再到后来以秀才的身份参与团练，再到后来以秀才的身份出任书院山长，以至于后来以秀才的身份创办新式学堂，不论是早年为了秀才梦而努力，还是后来因为秀才身份在上升的渠道上受到限制，秀才始终是伴随王锡彤的核心角色，而王锡彤能够在社会上立足，能够为社会做出贡献，秀才身份也是其中最基础的要素。

第五章 秀才的身份与地位

明清时期，政府对秀才作出的限制，其核心内容在于，秀才应该管好身边的事情，不能管朝廷的事情、不能管政府的事情，秀才的本分是读书，秀才的责任在于通过读书给地方社会带来重视文教的风气和注重道德的风俗，进而给地方社会带来稳定，也为中央政府的管理带来方便。

●秀才的"体统"

《儒林外史》第三回，范进中了秀才之后，其丈人胡屠户生怕范进从此看不起这位杀猪的丈人，于是带着酒和肉到范进的家里表示祝贺，并且亲自叮嘱他：

你如今既中了相公，凡事要立起个体统来。比如我这行事里，都是些正经有脸面的人，又是你的长亲，你怎敢在我们跟前装大？若是家门口这些做田的、扒粪的，不过是平头百姓，你若同他拱手作揖，平起平坐，这就是坏了学校规矩，连我脸上都无光了。你是个烂忠厚没用的人，所以，这些话我不得不教导你，免得惹人笑话。

身处社会底层的胡屠户可能从没有真正跟有身份的人有过密切交往，对于秀才也许知道一二，他认为中了秀才之后身份就不一样了，做事就要有一些讲究了，但是对于干杀猪这一行的，还是要保持尊重，但是对于其他的平头百姓，就不能再与之平起平坐了，这便是胡屠户所说的秀才的"体统"。

不过，一个人中了秀才之后到底应该有哪些"体统"呢？这本来就是一件模糊的事情。固然，中了秀才之后会有一些由当时的社会制度所赋予的特权，但是严格说来，这些特权并不足以使秀才成为真正意义上的地方社会的核心人物。政府给予的十分有限的经济、政治上的支持只能保持秀才们从此不再为温饱担忧，不再动不动就受人欺侮，但是既不足以使秀才成为富裕的人，也不足以使秀才成为有权力的人。

● "免税"是秀才重要的特权

但是，秀才有一项重要特权，那就是可以免除杂役、杂差和人头税。为了使秀才们能专心进学读书，明清两朝都明文规定："至于一切杂色差徭，则绅衿例应优免。""嗣后举贡生员等，着概免杂差。""一应杂色差徭，均例应优免。"（《钦定大清会典则例》卷七十）

这些优免甚至不仅限于生员本人，而且惠及家人。明代有"除本身外，户内优免二丁差役，有司务要遵行，不许故违"（《礼部志稿》卷二十四）的规定，清朝则有"凡生员之家，一应大小差徭，概行永免"的做法。

明朝中期以后，国家的赋税、徭役统一以田亩为征收对象，用银两的方式上交，而不再上交实物。由于生员有免税的优待，于是许多人家便通过各种方式，将自己的田地"诡寄"在生员的名下，以逃避赋税和各种"杂泛之差"，这就造成了顾炎武所说的情况，"一县之地有十万顷，而生员之地五万，则民以五万而当十万之差矣；一县之地有十万顷，而生员之地九万，则民以一万而当十万之差矣"。

其实顾炎武的分析在逻辑上有一些问题，此处所说的问题并非是秀才制度的问题，而是税收制度的问题，因为税收制度的漏洞才造成了百姓将自己的田产寄在秀才名下，以隐瞒田产的方式逃税的结果，而解决这一问题的路径也在于完善税收方法，而不是如顾炎武所说的取消秀才制度。到了后来，国家明确规定了一个秀才所能免除税收的田亩数量，顾炎武所说的情况便不复存在了。

不过，说到底，一件再简单不过的事情是，相对于需要纳税群体来说，免税等于增加收入。

●秀才的财政特权究竟有多大

古代的财政政策与今天不同，今天的财政主要依靠增值税，古代则主要依靠人头税，不管按照田亩数，还是按照人口数，本质上都是直接向每个人征税，但是今天的情况则不然，主要对商品流通的环节征税，一种商品每流通一次，政府就收一次税，古代也有流通增值税，但是其所占比例很小，所以打个比方，秀才的免税相当于今天政府允许一些人购买没有任何税收的产品。如果放在今天，一个人通过考试获得了可以购买从原料采购到搬上货架都没有税收的商品，必定引来诸多人的羡慕嫉妒恨，秀才在当时便是这样的角色。虽然总算下来，一年也没有多少钱，但是这种特权本身便是一种荣誉。

●秀才的政治权利

秀才还会有一些政治上的优待。秀才虽然还不是官，但已经不同于一般的庶民。成为秀才即代表有了"功名"在身，在社会生活中会受到一定的尊重和优礼。用顾炎武的话说就是："一旦为秀才，则免于编氓之役，不受侵于里胥，齿于衣冠，得于礼见官长，而无笞捶之辱。"

顾炎武说的"礼见官长"意味着见了府县长官只需要行拱手礼，称长官为老师，如果府县长官不是直接考录自己的主考官，则用"治

下门生"名帖见面，总之，成为秀才就不必再像普通百姓那样，见
了地方长官要跪下来叩头，喊青天大老爷了。借此，秀才们至少和
长官有了个联系的通道，与普通百姓之间又有了区别。此外，秀才
还可以参加一些官方的礼仪性的活动，府县长官的一届任期到了之
后赴省城接受下一届任命，或者府县长官到任，秀才则担负迎送的
任务。

"无笞捶之辱"意味着在有了纠纷之后，秀才可以不必亲自到
衙门起诉、应诉，可以派家人代理出庭，即使是被控有罪，也不能
被随便抓来审问，尤其是不能动用刑讯，必须要报一省的学政批准，
等学政革除该生员的资格之后，才能治罪。

确定有罪之后一般也不受体罚、不挨板子，只要拿钱赎罪就行。

光绪二十四年（1898），广西某府士子对科举取消八股文和试帖强烈
不满，集体到衙门去示威。

文献中经常出现某地方官忍无可忍惩罚了某个秀才之后，受到上级严厉批评的记载。要知道学政的官位比知府大得多。清朝政府一再申明："生员关系取士大典，若有司视同齐民挞责，殊非恤士之意。今后如果犯事情重，地方官先报学政。俟黜革后，治以应得之罪。若辞讼小事，发学责惩罚。"

此外，明清时期的法律规定，凡是骂人的，要打十下屁股，回骂的同样是十下。而秀才骂人，则不能被判决打屁股，即便改换为赎刑，数量也是少得可怜，不过是七厘五毫银子。官府一般根本不会受理秀才骂人的案件。

所以秀才也给人留下一种好议论、好骂人的形象，因为他们可以依仗这个特权公开骂那些自己看不惯的事情。所以，《儒林外史》第二十二回中，牛浦和牛玉圃才看到无赖秀才欺负王义安的事情。

●秀才的"祖制"

明清时期的中央政府固然给了秀才们一些不同于普通百姓的特权，但也一直在限制秀才的权力，比如明朝初年政府就对秀才的言行作出规定。

军民一切利病，并不许生员建言。果有一切军民利病之事，许当该有司，在野贤人，有志壮士，质朴农夫，商贾技艺，皆可言之，诸人毋得阻挡。惟生员不许。

生员内有学优才赡，深明治体，果治何经，精通透彻，年及三十愿出仕者，许敷陈王道，讲论治化，述作文词，呈禀本学教官，考其所作，果通性理，连金其名，具呈提调正官，然后亲赍赴京奏闻。再行口试。如果真才实学，不待选举，即时录用。（《明会典》卷七十六）

这其中的"惟生员"表明，政府要明确限制秀才们的活动，清朝初年也制定了更为完整的关于秀才的规范。除了申明秀才应该"忠厚正直"，比普通百姓更遵守道德规范，以便为当地社会带来模范效应之外，还进一步规定：

> 军民一切利弊，不许生员上书陈言，如有一言建白，以违制论，黜革治罪。生员不许纠党多人，立盟结社，把持官府，武断乡曲。所作文字，不许妄行刊刻。违者，听提调官治罪。（《钦定国子监志》卷二）

这些内容是在明清两朝初年制定的，被视为"祖制"，刻成石碑，安放在每一所府州县学内，每个秀才都必须熟背其全文内容，科举考试的重要一项内容，就是要考生默写这些规定。

●秀才的"本分"

从上述内容可以看出，明清时期，政府对秀才作出的限制，其核心内容在于，秀才应该管好身边的事情，不能管朝廷的事情、不能管政府的事情，秀才的本分是读书，秀才的责任在于通过读书给地方社会带来重视文教的风气和注重道德的风俗，进而给地方社会带来稳定，也为中央政府的管理带来方便。

中央政府政策的原则也有一些具体细则，比如"非举、贡不得与于公所"等，如果是举人到衙门去，就可以不用在门口的登记薄上登记，但是如果是秀才，则须要进行详细登记，除非符合规定，否则一般不允许秀才到衙门去。

这也就是说，在理论上，秀才所拥有的政治特权，只能用来保护自己不受侵犯，但是却不能去管别人的事情，尤其不能干扰政府的诉讼事件。

● "祖制"的变化

到了明代后期，秀才们的活动出现了一些变化，变化主要发生在两个方面。

一方面是秀才开始越来越多地参与政府事务和地方事务。一开始，即使讨论地方社会事务这类事情也是不允许秀才参与的，只有地方上家族的长老、退休的官员、财产丰厚的人，才能参与。

这些人之所以能够参与，背后的影响因素在于金钱和权力，在这种情况下，贫困百姓的利益自然得不到很好的关照。从明朝后期开始，一县之中较为出类拔萃的秀才也逐渐被允许参与地方事务的讨论，凡是县里有大利大病之事，秀才们"得与荐绅、先达、里父老商榷持衡"，秀才的参与意味着地方社会事务的处理将不完全依靠势力、金钱、权力因素了，因为秀才背后的制度是科举考试。

●秀才的权力是如何膨胀的

秀才参与地方管理，还有一道门一直没有关上，那便是议论和推荐乡里乡贤和名宦的权力，推举出来的乡贤实际上是讨论和决定乡里事务的人。推举的过程比较复杂，但是得到秀才的认可是最重要的。《海瑞集》中提到"有未举者，诸生商榷举之，举之未正这，商榷请废之"。这样，秀才就获得了实际上的地方社会治理的核心权力之一。

正是因为这样，想在地方上获得好名声的人就不得不讨好秀才了。而秀才们本身就是一个很容易结党抱团的群体。

● "权力" 带来的副作用

当秀才开始结交地方官，影响力过大的时候，就引来了很多批评。这即是顾炎武所说的"书牍交于道路，请托遍于官曹"，其实这只是当时很多批评中的一种常见说法。

但是这些批评秀才的言论，其实仅仅是认为秀才的言行违背了明朝初年的"祖制"。在顾炎武等人的眼里，举人、进士与地方官员沆瀣一气，"书牍交于道路，请托遍于官曹"就是可以的，但是秀才如此做就就引来诸多批评。

更进一步，这种不同待遇的背后不仅仅是秀才与举人、进士之间的身份存在等级之别，而且因为在中国的政治理想之下秀才有属于秀才的责任。

当然，另一方面的变化是秀才自己降低身份，借以与地方政府官员保持较好的关系。明代的一般惯例是"生员迎院司官于道左，无有跪者。其后，生员自绌，行跪礼"。这些变化的背后绝非单纯是秀才本身的意愿，其实是上层政府有意压制秀才在地方上的位置所致。

● "维权" 是秀才迎合政府的最初动力

上述两方面变化的内容都是秀才与政府关系的变化，秀才为什么会使出各种力量搞好与政府的关系呢？

因为如上文所述，秀才在政治上仅仅有一点空的权力，没有实际权力。如果秀才们不能依托地方政府的力量，也没有背后家族势力的支持的话，在地方上就很难施展影响力，也即很难完成秀才所承担的任务。

●从一次诉讼看秀才的权利

一般认为，明清时期，宗族力量的影响在华北地区没有南方地区那样强大，所以很多秀才仅仅是普通百姓，并没有显示出其强大的势力来。比如清朝直隶获鹿县生员梁洲给知县报告自己的权益受到同村人的侵犯。

（张家庄村东）有生（梁洲）家祖茔坟地六亩，向系南北地吵。南至道沟屡次被隔道地南邻刘大磨侵占，此地南头东长南宽计算数十尺，现有红契可证，地内树株原为配坟之瑞，亦被伊扭落树枝剥去树皮以致树死数科（棵），现有情形为凭。生向找理论奈刘大磨除不服理论，反出扬言事要将树一并刨去，且生素常诵读为业不愿多事诚恐倘有刨树，至生有何法可使，为此享明叩乞。

获鹿官府票传给地方上的梁得祯，令其办理此事。梁得祯办清此事后向知县报告说事情已经处理完毕，生员梁洲得以收回被侵占的坟茔土地，至于被扭剥的树株则不了了之。

（已经）查明生员梁洲所控刘大磨侵占茔地南宽东长十尺等情一案，身等遵照即向其查得伊等系属地邻，刘大磨侵占梁洲地四尺余现已查明将地拨回四尺，栽立石界各为各业。至于树株扭剥枝皮是实不知何人作毁，伊等情愿依处了结。

正是因为这样，秀才们的出路才会五花八门，并没有全部选择从政，也不是全都做塾师，也没有全都穷困潦倒，也会有一些秀才出外做幕僚，这实际上是从政的路径，也有很多做医生、做商人，留在村里仅仅是普通一员的也有很多。

所以，没有足够政治和经济权利的秀才如果想要发挥其影响力，必然要依托政府，所以秀才们不得不结交政府官员，而秀才由

此拥有 影响力之后，政府官员也不得不结交秀才。

●秀才在地方社会中的位置

中央政府一面给予秀才一定特权，一方面又限制秀才的政治活动，其背后的理想绝非是单纯希望秀才们一心只读圣贤书，而是希望将秀才塑造成半官方性质的参与地方社会治理的核心人物。

在特权和限制的双重作用下，秀才们享受着一些很模糊、很勉强的特权，依靠这些特权，秀才能够与普通百姓区分开来，免受权力的欺压，但是单纯依靠这些特权，又不足以完成管理地方社会的任务，所以秀才另一方面又要依靠衙门，于是秀才成了一类折中于政府与百姓之间的特殊人群。

如此一来，秀才的身份虽然不能与府县长官平起平坐，但是秀才也没有必要取媚于府县衙门，因为秀才在参与某个地方的社会事务的时候，只是在名义上借重于政府，却不会依赖政府，也不会完全按照政府的意思行事。其中的理由也正在于秀才手中没有政府的权力，也不可能有政府权力，既然如此，便不能依靠政府的权力，而只能依靠自己本身的能力来做事。

●秀才填补了地方社会的权力空白

要知道，明清时期的政治与当代有很大不同，比如明朝政府规定，知府未经允许不能到他所管辖的县衙门去；除非在规定的情况下，知府、知县也不允许进入乡下农村。法律、制度、规定的前提假设即是人性的恶，这种由中央政府做出的规定是为了防止府县官员扰民而设，府县官员只需要做好征税、处理诉讼等基本工作就行了，不需要也不允许直接参与乡里、村内的事务。于是在政府权力之外，地方社会管理留有大量的权力空白，这些空白一直由生育地方、长于地方的人来填补，秀才则是其中最核心的力量。

据统计，清朝直隶获鹿县士绅的主体是秀才和武生，统计结果显示，该县共有士绅 223 人，其中秀才 154 人，有武生 29 人，共计 183 人。这两者占据了士绅总数的 78%，这些士绅分布在 149 个村庄之中。在一个县之内，举人的数量不多，大多数举人都要出外做官，很少会留在自己的村里，但是几乎每个较大的村庄都会有自己的秀才，而且秀才们即使在考中之后也仍旧生活在村里。

●秀才真正的权力地位

获得秀才名分，仅仅是获得了一些模糊的特权，仅仅获得了登上地方事务管理舞台的入场券，入场之后的事情还需要秀才本身艰苦付出才能完成。作为明清时期的半官方性质的社会管理者，正是依靠政府赋予的模糊的特权完成对实际事务的影响的。

正因为如此，严格说来，顾炎武所批评的并非是以秀才为核心的地方社会治理的基本模式，而仅仅是看到这种平衡状态出现了一点不和谐的因素，秀才的权力过大会导致不平衡，那么处理的方式并非废除秀才制度，走到另一个极端，而是应该限制过于强大的一方。

总之，秀才的存在，形成了一种中国地方社会的治理模式，在这种模式下，政府——秀才和士绅阶层——百姓三方形成一种相互制衡的关系，这对于结束地方治理以强权和金钱为主要影响因素的模式起到了关键的作用，秀才也就此成为中国地方社会良性发展的关键力量。

第六章 一个秀才的经历（上）：

詹鸣铎早年读书的历程

尽管许多秀才都曾对自己所生活的小环境有着很大的影响，但是相对与上层人士，秀才仍旧属于历史长河中「沉默的大多数」，因此，关于秀才们的较为详细的学习、生活和考试的记载非常之少。

　　尽管许多秀才都曾对自己所生活的小环境有着很大的影响，但是相对与上层人士，秀才仍旧属于历史长河中"沉默的大多数"，因此，关于秀才们的较为详细的学习、生活和考试的记载非常之少。

　　所幸的是，明清社会史的研究者王振忠因为偶然的机遇，在徽州文书中竟然发现一位叫做詹鸣铎的普通秀才写的一部小说——《我之小史》。这虽然是一部小说，但深受明清以来徽商自传的影响，内容是相当纪实的。作者自己也强调："在下这书，要成一部信史。"为了写成"信史"，作者不惜自曝隐私，"有什么写什么"。王振忠教授通过对一些典型事例查对验证后，径直称之为"纪实性自传小说"。"因其纪实性，故而从历史研究的角度来看，该书的史料价值极高，特别是书中抄录了不少书信、诉讼案卷等，对于徽州社会文化史、经济史的研究极有助益。"身处晚清民国时期的詹鸣铎，是一个天分平平的人。经过多次考试，终于在光绪三十年（1905）科举考试行将结束的最后一年考中秀才。通过《我之小史》这部小说，一个普通秀才的故事就此可以展现在百余年之后今人的面前了。但愿读过此故事的人对古代秀才的印象能变得更清晰和具体一些。

●詹鸣铎的成长背景

詹鸣铎，字振先，乳名家声，正名昌淦，寄名张玉，于清代光绪癸未 1883 年即光绪九年，出生于安徽省徽州府婺源县北乡十三都庐坑下村的一个木商世家。庐坑位处今天的江西婺源县东北部，这里也曾是近代中国著名铁路工程师詹天佑的故乡，附近岗峦起伏、山地众多，历来就是徽州木商辈出之地。

盐商、典当、木商被称为"闭关时代三大商"，俗有"盐商木客，财大气粗"的谚语，其中的徽州木商，素来闻名，《各省物产歌》中提到"安徽省，土产好，徽州进呈松烟墨，婺源出得好木料"。自宋代以来，婺源便以木业经营闻名于世。明初，庐坑詹氏便已在历史上初露头角，如生于洪武二十五年（1392）的詹健，"家业最厚，时称八大房，富户之家，秋米三百余石，富达金台，名传郡邑"。詹鸣铎的祖上自高曾祖以下一直经营木料生意，其父辈叔伯也大都从事木业生意。

●学前经历

在詹鸣铎出生的时候，其父詹蕃桢（字树芬）24 岁，也是清朝的秀才，母亲 22 岁，祖母汪氏 47 岁。詹鸣铎刚出生的时候，长辈们非常疼爱。曾经有人善于相术，通过观察詹鸣铎的耳朵，认为其将来兄弟必多。后来母亲带着詹鸣铎到外祖母家，回来后病得很重，四围的邻居内外都来问讯，一时间满堂都是人。这次生病，詹明铎得的是惊风，是一种常见的小儿病，一般情况下并没有什么危险，但是症状发作的时候，小儿的意识忽然丧失，全身或局部僵硬，四肢肌肉抽搐、双眼上吊、口吐白沫、面部青紫。詹鸣铎一家人为此乱作一团，想出各种办法救治，祖母更是祈神祷祝，最终詹明铎战胜了病魔，恢复了健康。

幼年的詹鸣铎很淘气。一位叫做幼华的儿童站在那背书，父亲叫詹鸣铎上前去跟幼华比一比谁高谁矮，詹鸣铎却把口袋中装的茅栗投向幼华，父亲大怒，拉过詹鸣铎来要打屁股。祖母听到消息，心疼孙子，上前劝解，詹鸣铎大哭不止，哭到后来，看到字纸篓粘着一张写有"敬惜字纸"的红纸，便要把这张纸拿来玩，这才不哭了。

有一次，詹鸣铎夜里跟随父亲从一个地方回家，天黑没有灯光，路又高低不平，年幼的詹鸣铎摔了个大跟头，把门牙磕掉了。家人很担心他从此长不出门牙，又听说只要能摸一摸新娘子的手，门牙就能复出，而此时恰巧村里一位叫做新意的女孩出嫁，轿子正停在家对面的田里，于是母亲带着詹鸣铎，摸了一下新娘的手，果然很灵验，门牙后来长出来了。

● 启蒙时期

到了 7 岁，光绪十五年（1889），詹鸣铎的父亲在家里开设私塾，学生有五六个人，詹鸣铎也一同上学。父亲是个很严厉的老师，每次学生犯了错要打屁股时，都亲自拿来长凳让学生趴在上边，又亲自拿来竹鞭打。村里的学堂，老师对犯了错误的学生的责罚包括几种，对于比较轻微的错误则批评一番，再重的错误则骂一顿，在练习写字时犯下的错则打手心，背不好 书或者犯的错比较大的时候则是打屁股或罚跪。

詹鸣铎犯了错，也照例要被打，可是詹鸣铎认为老师就是自己的父亲，待遇应该有所不同，不愿意挨打，父亲大怒，让一个

秋夜读书图

学生抓着詹鸣铎的脚，另一个学生抓着头，把詹鸣铎按到长凳上，连续打了两次。母亲这时候正坐在门柱子旁边纳鞋底，看到这情景，实在很心疼自己的儿子，于是走上前一把将詹鸣铎抱起来带走了，父亲愈发生气，把椅子凳子扔得满地。还有一次，詹鸣铎不服从罚跪，父亲大怒，亲自过来抓起詹鸣铎要他跪下，詹鸣铎大哭不已，最后祖母来讲情，父亲才说，让他起来吧，祖母这才过来把詹鸣铎拉起来。

父亲是个正直的人，他认为对自己的儿子这样溺爱，连自己的儿子都管不了，怎么能管得好别人的孩子呢？其实这样小的年龄，一点知识都没有，哪里知道什么"违抗父命"这样的大道理啊？

●随父读书

七八岁的时候，詹鸣铎的父亲教他读"上论"（也就是《论语》的上半部），连同朱熹注一起，不分早晚叽里呱啦诵读不止，所以詹鸣铎一生对"上论"都十分熟悉，一直都能背诵。父亲教学生读书的时候，往往一边拍手打节拍，一边喊"读啊读啊"，母亲在屋子前边洗衣服，同学们在屋里扯着嗓子大声读书。

父亲教书非常严格，对于学生练习写字，一旦看到有写的不好的，立马就打手心。父亲生平最爱读文天祥的《正气歌》，于是经常让学生练习写这首很长的诗。这首诗的开篇是：

文天祥画像

天地有正气，杂然赋流形。下则为河岳，上则为日星。于人曰浩然，沛乎塞苍冥。皇路当清夷，含和吐明庭。时穷节乃见，一一垂丹青。

有一天父亲把詹鸣铎和一位叫桂能的同学叫到案前，各打手心十下。詹鸣铎的罪名是"皇路当清夷"的"当"字，写得太潦草了。打完之后问："以后能不能用心？"答："能用心。"然后看"一一垂丹青"这几个字写得就还可以，詹鸣铎看到自己写的这几个字上有父亲画的几个圈。

●塾师花子先生

詹鸣铎跟随父亲读书两年，到了9岁，光绪十七年（1891），与詹鸣铎有姻戚关系的进士江峰青开始担任嘉善县知县，找父亲做幕僚，所以父亲离

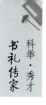

开故乡投奔江峰青。

自此以后，詹鸣铎开始跟随花子先生读书，母亲十分尊重花子先生，每天都为其沏好茶水。父亲教书教到"如有王者，必世而后仁"止，这是《论语·子路》中的一章，花子先生初到上书，便从《论语·子路》的下一章"苟正其身矣，于从政乎何有"开始讲起。花子先生的读音古拗，不及父亲声调和畅。

花子先生定下的学规虽没有父亲那样严格，但是至于其神圣不可侵犯性则完全一样。教学的基本过程是每天早上开始，先学习（主要是读）新的内容，然后复习昨天背的内容，学生逐个给老师背昨天的内容，也可能会复习更早一些时候的内容，这样，每天都学习新内容，背旧的内容。总之，以读、背为主，不断复习。

每天中午则练习写字。就这样，詹鸣铎跟随花子先生日复一日地读了三四年的书，从"下论"到"大学"、"中庸"、"上孟"、而"中孟"、"下孟"，一直读到《诗经》快要结束。

●学堂中的"潜规则"

学堂中的学生数量前两年较少，后来逐渐增多。人数较少的时候学生之间起不了什么争端，但是人多之后就开始分帮结派。

有位叫荣金的学生年纪稍大，被众学生奉为学生头，学生必须逢迎学生头的意思，把自己的纸张、零食等进贡给学生头，否则就要倒霉。詹鸣铎与这位荣金的关系很好，所以也得到了很多好处。对于学生进贡给荣金的食物、纸张等物品，詹鸣铎十分高兴能分得一些纸张，但是不怎么看重食物。因为主持家务的祖母一生节俭，每天派发的写字用纸没有一点多余，不能用来图画，更无从玩折纸游戏了，所以对于能得到额外的纸张这件事是十分高兴的。

当然，天下没有免费的午餐，从荣金那里分得贡品也不是白得的，需要礼尚往来。詹鸣铎有一口马铁刀，是他心爱的玩具，荣金借来切东西，说很这口刀好，詹鸣铎随即将其奉送给了荣金。正因为这样，詹鸣铎与学生头之间形成了较为特殊的关系，周围的同学也都巴结詹鸣铎。有一次，詹鸣铎手上不小心被小刀拉了个口子，流血了，众学生都争相去找来陈年马蜂窝代为包扎、止血。所以依靠荣金，詹鸣铎的气焰也是甚嚣尘上。有位新来的同学叫时坤，时坤的母亲坚持要时坤与詹鸣铎同桌，以便得到詹鸣铎的照应，不久，詹明铎与时坤发生矛盾，詹鸣铎坚持不肯与时坤同桌，时坤的母亲找来一张桌子，仍旧让时坤坐在接近詹鸣铎的位置旁。

●学生头的斗争手段——擒

在那个时候，学生中间有一种叫做"擒"的不良风气。如果学生头下令"擒"某学生。那么在这位学生到老师桌前听老师讲书的时候，众人开始高声朗诵，这样做的结果是这位学生没有听清听先生教的是什么；当这位学生背书的时候，众人全都默不作声，结果是一旦有背得不熟练的地方，先生都能听得清清楚楚，从而受到先生惩罚。同时，假如被"擒"的学生某个字忘记不会念，要向同学请教时，同学都不肯教。在那个时候，如果请教先生，只可以一次、两次，如果再三再四，先生必然说学习不用心，又要责罚了。假如某位同学十分聪明，学生头在学习上"擒"不了，也可以在其他事情上整到他，甚至直接使用暴力殴打的方法。

所以在学堂内，学生头是万万得罪不起的，学生头要想照顾谁，谁必然获益匪浅。不过问题在于，做先生的对此却丝毫不知。有时学生向先生告状，说"他们'擒'我"，先生不能理解，还问为什么要"擒"，什么是"擒"，反过来把告状的学生骂一顿。于是，学生头更加威风了。甚至有的学生头成为先生的头目，连教书的任务也一并参与，学生害怕学生头甚于害怕先生本人。

后两年，学生人数变多，于是分为了两个派，一党自命为九龙山，称另一方为九华山派，詹鸣铎和原学生头属于九华山派。两派都建立了自己的党派标志和各种仪式，出入教室按照资历排资论辈，按先后进出。在此期间，两派势力出现逆转，詹鸣铎所在的九华山一派逐渐处于劣势，吃了不小的亏。

● 被打屁股的记忆

詹鸣铎在花子先生的学堂里一共读了三四年的书，前后一共三次受到打屁股的惩罚。第一次是读到"君子谋道不谋食"（《论语·卫灵公》）的时候，老师并没有觉得他不认真背书，只是在家的祖母和母亲觉得他连续几天背书不熟练，所以才把他按到凳子上，请

私塾

花子先生责罚，先生不得已，就勉强打了几下，这次打得不太疼。

第二次，是詹鸣铎在观看一次丧事之后，回到学堂，十分放肆，花子先生看到情景即准备责罚，背书正好背

到"来百工"（《中庸》）处，下文就想不起来了，先生说："来百工……来百工……"詹鸣铎后来回忆这件事，说其实这一处并不难："'来百工则财用足，柔远人则四方归之，怀诸侯则天下畏之'，直贯下去，何难之有？"只是当时实在不争气，偏偏就想不起来了，这一次与前一次完全不同，先生早已经觉得詹鸣铎该受一次惩罚了，所以打的是"实惠货"，比较疼。

第三次是读《诗经》读到《摽有梅》（《召南》）这一篇，有三个人遭到打屁股，詹鸣铎居其一，所以詹鸣铎感到十分丢人。放学之后，独自躺在房里，想起同学中间如果有人被打屁股，总是会引来一些人"恭喜你打屁股"的嘲笑，十分惭愧。第二天，读书读到"不我过，不我过，其啸也歌"（《诗经·召南江有汜》），有位叫旺星的同学昨天没有来，听到詹鸣铎被打屁股了，特地来问昨天的情况，让詹鸣铎更加难为情了。

●被打屁股的不同反应

打屁股的事情，在学堂中经常会发生，实在没什么稀奇的，曾经有一次全体同学都犯了错，于是轮流受责，只有詹鸣铎一人得免。先生在打屁股之前，会让学生把裤子脱掉，竹条直接打在屁股上，是十分疼的。有一位叫培哩的学生，年龄比较大，并且不是主谋，这一次却受到惩罚，很不情愿，哭泣不止，先生说："你不读书，就给我滚！"培哩一生气，便把书仍在凳子上，随即出走，詹鸣铎的母亲赶紧过来劝，也没能留下他。

有一次，一位同学逃学，躲在水磨旁边。先生让荣金、桂能两位同学前去找，不一会两人回来报告说找不到。于是先生亲自去找，找回来之后，先生喘息了一会儿，然后吸了一筒水烟，然后将他弄上板凳，这位逃学的同学因为被打得很疼，于是大喊"明圭嫂吓"（"明圭"是人名，"吓"是语气词）……詹鸣铎的祖母听到喊声，急忙赶来劝解。

像这样的情况数不胜数。

训蒙受累图　图中描绘一群学生在私塾玩闹时，不幸有人受伤结果先生受到家长责难，而被迫变卖财物，赔偿部分医药费。

●学生们的"游戏"

花子先生喜欢饮酒，每次午饭后必定会小酌一番。在盛夏时节，花子先生喝醉了酒躺在竹椅上，睡得很熟。学生们此时极为放肆，没有边界，甚至站在凳子上，用刀击打马口铁罐，声音很大，先生却浑然不知。

做学生最喜欢两种事情，一种是先生午睡不醒，最好睡到夕阳西下；一种是来了客人，先生必然要去会客，不过詹鸣铎的学堂客人并不多。

大部分学生玩游戏都是出于自然的童心，但是也有有一两个年长的胆子大的，做的事出人意外。某学生把放字纸的篓子画成人的头像，套在头上，夜里趴在楼梯头，一个学生登楼看见，受到惊吓，从楼梯上滚了下来。又有某学生把裤子脱了，让人在屁股上画一个人的脸，夜里藏在暗处惊人。还有某学生写了一篇祭文，学生们一起玩哭祭先生的游戏。

●学对对子

有一天，家里来了位客人，问詹鸣铎能不能对对子，母亲回答："能"这时客人正在吃水泡饭，便出了"水泡饭"的题目让詹鸣铎来对，詹鸣铎对了个"油炒菜"。客人转过身问詹鸣铎的母亲："他没有学过平仄吗？"因为对对子除了字数、字的性质都要符合付规范之外，还要平仄相对。

于是，詹鸣铎祖母给先生提了两个意见，一个是请先生时常出个对子给学生练习，第二个是请先生在教书的时候，也给学生讲讲其中的含义。

花子先生第一次出的对子题是"树上蝉鸣"。詹鸣铎偷偷跑回内屋向母亲请教，母亲教他以"园中鸟啼"来对。先生说对得不合平仄，应该改成"林中鸟唤"。第二天是"梁前燕伏"，母亲教他"柱边鸡走"，还是不好。有学生触类旁通，对了个"柱边鸭走"。先生说："柱边哪里有鸭，不对不对。"

后来出题"月中丹桂"，先生教以"镜里金花"对，且自以为很美。又出"口讲指画"，先生教"面命耳提"。又出"半池荷叶许心赏"，又教以"一树榴花照眼明"对。母亲看到这个对子，表示十分后悔，因为她平时在团扇上看到有"五月榴花照眼明"的字样，一时感觉迟纯，失去了采用这句话的机会，可惜可惜。

最漂亮的一次是先生出了个"四子侍坐"，母亲教以"三人同行"对，这两句话都是朱熹注《四书章句》的原文，实在是天造地设，先生也说："对得好！"画了四个圈作奖励。

●花子先生的上课内容

至于讲解，因为家里屡次敦促，先生才开始执行。有一天讲"高曾祖，父而身"的意思，却只讲了几句话。后来又叫学生到他讲桌前边去，讲解《孟子》，从最后一卷中"存乎人者，莫良于眸子"（《孟子·离娄下》）开始，每天讲一些，讲到"非予觉之而谁也"（《孟子·万章下》"予，天民之先觉者也，予将以斯道觉斯民也，非予觉之而谁也"），不知什么原因，忽然又不往下讲了。

但是在那时的詹鸣铎看来，书中的奥妙，虽然经过了讲解，但是大半内容跟对牛弹琴一样。

花子先生也教学生读一些具有地方色彩的儿童诗歌。其中有詹氏祖先黄隐公的诗歌，每句四字，开头是"于穆祖功，肇迁于龙"。还有村里春祭的诗歌，是七言诗，第一句是"郁金灌地绮筵初，箫管和鸣凤翼舒"，最后一章为"本支分百世，戬谷分馨宜"。詹鸣铎也读得很熟练。

先生也教学生临摹字帖，可是詹鸣铎始终临得不够好。

读书台图

●离家经商

詹鸣铎 12 岁这年，仍在家读书，他的母亲教他念《收白蛇》、《状元祭塔》等曲子，这时候他已经能认得其中的字了，而且能把故事讲出来给人听。

在詹鸣铎 12 岁的这年冬天，父亲回到家，要将詹鸣铎带到杭州去学做生意，此时的父亲与江峰青一起开了木行做生意。这是詹鸣铎第一次跟随父亲出远门。

本来父亲想让詹鸣铎学做生意的，可是后来见他身体素质不够好，担心难以承担做生意的奔波劳苦，便不再管他了，因而让他在帐房里读书。读完《诗经》以后，接着跟随父亲读《书经》（即《尚书》）。后来也曾到江峰青做官的嘉善公署游玩，署中的人称詹鸣铎的父亲为"师老爷"，称詹鸣铎为"师少爷"。

詹鸣铎 13 岁，父亲为他取了字，叫做"振先"，是"子振家声"的意思。到了这个时候，就要开笔写作文了，父亲要他先写一个"破承题"看看，这是学写八股文的第一步。

写好之后，父亲觉得很不错，有潜力，此后便一心让儿子读书了。可是那时的詹鸣铎却娇惯成性、不肯专心。父亲整日整月忙于生意，根本没有时间管詹鸣铎读书的事情，这时候的詹鸣铎也倒自在，但是读书的事情也荒废了。

明朝绘画 货郎图

临川县童生八股文

●回乡读书

光绪二十二年（1896），詹鸣铎 14 岁。父亲给家里写信，请了延沱川的余翀远夫子（字鸾翔）做老师，并且坐船把詹鸣铎送回老家。詹鸣铎阔别故乡三年，终于又看到了熟悉的风景。走到村旁桥头，遇上了母亲从对面走来，便大叫一声："姨哎！"（即"母亲"）母亲忽然看到詹鸣铎，真是喜出望外。詹鸣铎走到近处，向母亲做揖。

回到家门口，詹鸣铎的两个弟弟都在，兄弟相见大喜，到家里给祖母磕头。然后詹鸣铎开始向母亲讲述过去和路上所遇到的各种事情。一家人团聚，其乐融融。在外三年，少年詹鸣铎着实想念故乡，时过中年后，詹鸣铎为此写了下面的诗：

久抛桑梓易星霜，三载归来乐正长，

人道儿童今长大，我言王母尚康强。

漫将风景谈殊域，还述怀思念故乡，

为喜家庭极相慰，从今无复断离肠。

这次家里聘的请余翀远先生只教了詹鸣铎兄弟三人和一位叫永康的学生，功课要比花子先生严格，要整天背书。詹鸣铎从《书经》第四本读起，之后五经全部背完，接着读古文。并且开始八股文的下一部分"起讲"，到年终，已经开始能"入手"这一部分了。

第二年，詹鸣铎15岁，余翀远先生赴南京乡试，詹鸣铎带着弟弟们在家读书。先生发了很多题目给詹鸣铎，叫他挨个写，等先生回来交卷。詹鸣铎父亲在这一年也曾回了一次家，但不久就返回杭州了。

到了年终，詹鸣铎的文章已经开始写"中股"。过年的时候，父亲又回家，出了题目，即能写出完整的文章了。这个时候父亲的生意已经越做越大，成为以批发为主的木业商行，此次临走，把二弟带到杭州游玩了一番。

詹鸣铎已经16岁了，家庭经济条件尚可，没有任何压力，少不更事，也不用功，除吃饭、读书之外，没有任何事情，整天坐着诵读经典，与古人为友，人情世故，全然不知。

先生的堂弟叫做王轩，这时候也随先生到此一同学习，王轩自认为水平比詹鸣铎高，其实两人是半斤八两。

第七章 一个秀才的经历（下）：

詹鸣铎考秀才的历程

平日看到别人将自己的考中秀才的试卷刊印出来，试卷上有名有字，有父兄师友们的评语，心里羡慕得很，一直在想自己何时能够如愿以偿。到了此时，终于梦想成真。

从 17 岁开始，詹鸣铎一共考了七次，直到科举考试结束的那一年，才终于考中秀才。

第一次参加考试，因为水平不够，詹鸣铎没能考上。

光绪二十五年（1899），詹鸣铎 17 岁。过完年后不久，詹鸣铎忽然接到父亲的来信，大骂说："怎么不去参加县试？"于是余翀远先生让詹鸣铎马上赶到府城，补考县试，并且应府试。詹鸣铎出门的时候十分仓促，不过拜别祖母、母亲的时候，却还记得请堂上放心。

出门之后，詹鸣铎按照先生的指导，先找了两三个同伴一起，步行到一处叫做龙湾的集镇，寄住在一处饭铺里，然后由此坐船到府城去，这时候码头上人声嘈杂，因为很多乡下人在这里争着做为考生挑行李的的生意。

到了府城，詹鸣铎住在一个秀才郑伍庭老先生家，这里一共住了二十多个参加考试的人，有的是参加岁考，有的是参加科考。詹鸣铎用谱名"昌淦"作为考试用名，入场应试。

知府为已满 20 岁的"已冠"考生出的题目是的"彻者"，为未满 20 岁的"未冠"考生出的题目是"虽愚"，第二道题目是"己百之"，要求据此写两篇 700 字以下的八股文。诗题是"'不辨仙源何处寻'

考篮

得'源'字"，要求据此写一首五言八韵诗。这道诗题出自唐代诗人王维的《桃源行》，"春来遍是桃花水，不辨仙源何处寻。"

詹鸣铎未满20岁，做"未冠"的题目，"虽愚"这道题目出自《中庸》，原文是"果能此道矣。虽愚必明，虽柔必强"。但是詹鸣铎此时的写作水平不怎么样，只能勉强敷衍。第二题"己百之"也是出自《中庸》，原文是"人一能之己百之，人十能之己千之"。詹鸣铎套用了之前看过的应试书籍《小题文府》中"己千之"的模板，承题部分则写了："夫己苟非百，无以当人之一也。"考完之后，一同来的考生相互交流起来，发现各自写的内容大致差不多。

对于诗题，"源"韵很难押，詹鸣铎没有思路，十分着急。同来参加考试的同学都坐在一起，有的已经写完准备交卷了，其中一位叫桂臣的考生路过詹鸣铎的位置，闲谈了几句，坐在詹鸣铎一旁的另外一位叫玉轩的考生也不会写诗，想让桂臣代写，他不肯。詹鸣铎也反复求他帮忙，于是桂臣帮詹鸣铎写了两句，"尚忆红遮路，因知绿映村"，"月色流觞过，风光煮粥论"。詹鸣铎写了第一句，"途难逢菊径，路不辨桃源"。

交卷出场来，问其他考生，有"途难逢粟里，路不辨桃源"等句子，考生们都从"源"想到了"桃花源"，也没有什么太大区别。

结果当然是败北，与詹鸣铎一同住的考生中还有三个人没有考中，其中的两人基本上不读书，另外一人则是因为家族中有规定，如果能有后辈参加府试，就能享受族中公田的地租，于是才来参加考试的，詹鸣铎平日自命不凡，到此竟然与这些人得到一样的结果，真是感叹不已。

这时候，主持院试的徐学政来了公文，说自己病了，所以请考生们先回原籍，等候通知，詹鸣铎也看到，公文内写着"令诸生劳劳跋涉，本部院实有所不安"的话。

针对这些冠冕堂皇的话，周围好事的人说，这个学政真是良心发现了，"人之将死，其言也善"，这怕是他要死的时候的话吧。

大家都知道徐学政是个猛人，给考生难堪也是家常便饭，甚至在考场上亲自出手打人。考生们都不喜欢他，前一次考试，为了考生能有秩序排队入场，徐学政做了被称之为"九曲栏杆"的东西，考生们很不爽，进的时候不小心把栏杆踩到了，徐学政大骂该地"士习坏，训导训些什么东西，教谕教些什么名件"这些很难听的话。

这次考试结束之后，詹鸣铎虽然没有考上，可是同村来的人让他花钱贿赂负责传送考试信息的人，然后又获得了参加院试的机会，按说既然没有通过县试，下面的考试应该就没有资格参加了，但是更加具体的情况也无从知晓了。

●第二次参加考试，仍没有通过。

光绪二十六年（1900）詹鸣铎18岁，这年春天，他到府城去参加院试。

詹鸣铎因为在心里仍就惦记着三月三的大戏，所以根本无心应考，都是祖母帮他收拾行李。

路上，詹鸣铎发现包袱里有糕饼，可以充饥，才感激祖母想得周到。这一次，红顶花翎，乘坐四人抬的轿子的学政大人终于来了，詹鸣铎看到大门外扯着"钦命安徽全省督学部院"的旗号。

开考这一天，考场上半夜就有标志考试信号的炮声传来，四更过后，多住处的厨师已经把饭做好了，考生们起来吃饭。有的考生吸两口鸦片烟以鼓舞精神。

大家手提考篮，陆续向考场走去。考场第一道门外有巡捕看守，第二道门是点名，每人给一支签，随着灯牌往里进。灯牌分为一、二、三、四、五，上边写着各县的名字，牌内点着灯火，所以从远处也能看到，从门口"天开文运"的匾额下，经过九曲栏干，鱼贯而入。詹鸣铎到了正襟危坐的学政面前，看到府县的教谕、训导站在两旁。

经过搜查后，詹鸣铎上前领取考卷，此时他看到外面红灯笼上有"督学部院"的字样，从外面向里望进去，则看到里面两边都是按照《千字文》排序的小灯笼。

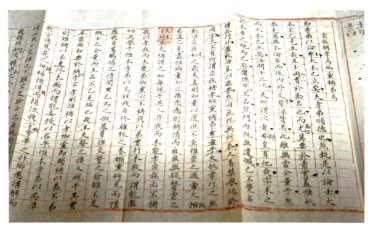

南乐县生员王兆麟试卷

詹鸣铎找到自己的座位坐好，他距离主考官很近，抬头望去，学政点完名，转身到中堂坐下，四周坐着同考官，府县的教谕、训导等人，刚才在外边的廪生秀才辈们走上堂去，一同鞠躬，学政大人回揖，显得彬彬儒雅、气度从容。秀才们退出，学政大人亲自写封条，两个仆人用半跪的姿势接下封贴，分别在大门内外加两把锁。

此时响起了三声炮，天还未亮，考务人员第一次发下灯牌，詹鸣铎还认为是题目，仔细看了之后发现是个告示，吩咐大家"不许交头接耳，慎勿求荣反辱"等话；第二次发下灯牌，则是"揭去浮签"四个字；第三次则是考题，这一次的题目是"君子之德风，小人之德草，草上之风"，出自《论语·颜渊》。

詹鸣铎第一次参加这么严肃的考试，很多规矩都不太懂，比如揭浮签的时候要轻点，不要撕破了卷面，所幸有旁边的一位考生指导。

学政大人在中堂坐了一会就退回内堂了，这时候旁边的四个人便从堂上走下来，往来徘徊，很随意，不像刚才在上级面前那样拘束了。

一会儿，第二道题目也发下来了，题目是"再命曰"（出自《孟子》齐桓公称霸会盟，"初命曰：'诛不孝，无易树子，无以妾为妻。'再命曰：'尊贤育才，以彰有德。'"），诗题是"赋得'良冶为裘'得'裘'字，五言六韵。"诗题出自《礼记·学记》

詹鸣铎自知水平还未到，只能潦草敷衍。下午第一拨交卷放头牌的时候，学政就走了，此时炮声三鸣。到詹鸣铎出场时，外面均有鼓吹。

考试结果很快出来，没有考中。但是詹鸣铎也没有多少怨恨，因为确实是水平不行，这一次跟詹鸣铎一起住的有四个人，分别是郑熙臣、郑理丰、余柱臣和朱镜清。二郑与詹鸣铎的关系很好，相互结为案友，他们对于朱则鄙视不屑，而朱也不理会这些，但是此次却只有朱考上了，不过朱并没有表现得特别高兴，仍和平常一样。

其他三人则如丧考妣一般痛哭流涕。

●虚伪好名的私塾先生

在此之前，詹鸣铎在家读书，常常替三弟写文章，写的时候随意发挥、轻松自如，但是到自己写的时则写不好，后来三弟的名声越来越大，他的名声却相对下降了。说起学堂的功课来，先生管得也很严，可是怎么一天一天就像冷水浸牛皮一样没有进展？这可能是先生教的方法有问题。

这位余狲远先生有一个毛病，就是虚伪而好名。假如东家在，或有客人在，他就表现得很殷勤，晚上放学的时间推后，想让人知道他很严厉。他把改好的詹鸣铎的文章给詹鸣铎的父亲看，大都是称颂性质的，想让东家知道学生的进步，可是这些都不是实情。

在那个年代，如果某位先生打学生和批评学生较多，则名声较好，对于学生的错误，余狲远先生打骂兼施，真是"铜山西崩，洛钟东应"。有一次，詹鸣铎把"卑"字写成了"早"字，先生便故意大打手心，以至于詹鸣铎一辈子都记得这个"早"字要这样写为"卑"。先生批改文章，要么就是写一些空洞的夸奖之词，要么就是堆在一旁，时间长了就扔到纸篓里成了垃圾。

在这样的教学方法之下，当然难以取得进步了。

蒙师难做图 图中描绘的是一位塾师因无学生就读而感到十分沮丧，而向知县请求帮助。知县考了塾师《四书》中的两个问题，塾师都没有回答上来。于是知县告诉他，像他这样的水平，招不到学生很正常。

●茅塞顿开

后来詹鸣铎的两篇文章被拿到另外村里的塾师批改，一篇"仁者虽告之曰井"，一篇"贤贤易色"，这位塾师修改的内容并不多，只是就原文略加点窜，并且加以润色批评，一驳一奖，让詹鸣铎为此文兴大动、茅塞顿开，并且触类旁通、日新又新，逐渐登峰造极了。

在这个过程中，余翀远先生的文章也取得了进步，有一次书院的考题是"诗曰：不素餐兮"，先生做后股，出笔写了"侏儒而饱，何如季女而饥"，按照八股文的要求，接下来要写对子的，而且前一句已经用了典故，《诗经·曹风》："婉兮娈兮，季女斯饥。"后一句也要用典，似乎比较难，一边写一边就想到"千驷而荣，曷荣首阳而饿"，这句话写得当然很漂亮，典故出自《论语·季氏》："齐景公有马千驷，死之日，民无德而称焉……。伯夷、叔齐饿于首阳之下，民到于今称之。"这即是文章本天成，妙手偶得之。

在教学相长的过程中，詹鸣铎的文章也能写得清超拔俗了。比如有一个题目是"君子周中"的文章，他的中股是这样写的：

天地之周也，雨润日暄，卉木尽蒙照妪，渊藏岳蕴，昆虫亦赖生成，君子纵未操燮理之权，而律以乾父 坤母之原，谁非一体也，则并包之气象可思也。帝王之周也，痌瘝在抱，编氓共沐恩膏，丕冒为心，草野咸沾恺泽，君子纵未膺邦家之任，而准以物与民胞之念，讵有殊情也，则豁达之胸怀可想也。

这真是写得非常之好了。

江南贡院考棚旧址

●第三次参加考试，詹鸣铎因为一场官司断送了参考资格

1900年冬天，詹鸣铎18岁，与二弟一起参加县试，住在一家叫做济昌典的寓所内。主人叫汪植廷，也是读书人出身。每次入场，天还不亮，汪先生替詹鸣铎兄弟提着考篮，送他们去，并且说很多鼓励的话。县试的考棚中间有个堂屋，旁有对联：

渍种必苗，蓺兰必香，千家茅屋书声，定有几枝大手笔；

登高自卑，行远自迩，万里蓬山云路，先从一邑小文场。

这一场县试由知县李延庆出题，第一场题目对已冠考生出的是"方寸之木，至岂谓一钧金"，（出自《孟子·告子下》："不揣其本，而齐其末，方寸之木可使高于岑楼。金重于羽者，岂谓一钧金与一舆羽之谓哉？"）对未冠考生出得是"民之于仁也，甚于水火"（出自《论语·卫灵公》："民之于仁也，甚于水火。水火吾见蹈而死者矣，未见蹈仁而死者也。"）；第二题是"有人此有土，有土此有财"（出自《大学》)。诗题是"'播五行于四时'得'时'字"（出自《礼记·礼运》："天秉阳。垂日星；地秉阴，窍于山川。播五行于四时，和而后月生也。"）四个题目很巧妙的包含了"金木水火土"五种元素。这一场，詹鸣铎考得第五等。

第二场的题目，"'穿窬之盗也与'至'乡原，德之贼也'。"是《论语·阳货》中的两章，开考之后，不一会又加上了一句"道听而涂说"，这是《论语·阳货》接下来的一章。因为县试的条件简陋，座位次序也很随意，很多考生找人代笔，甚至把墙挖破，将题目告诉考场外边的枪手，从窟窿把答题送进来。所以知县就在这一场出了一个题目讽刺这些打洞作弊的考生，并且等到作弊的考生把题目送出去之后又加上了一句。这一场，詹鸣铎考得第二等。

第三场题目"欲常常"，（出自《孟子·万章上》："象不得有为于其国，天子使吏治其国而纳其贡税焉，故谓之放。岂得暴彼民哉？虽然，欲常常而见之，故源源而来。"）这一场，詹鸣铎考得二等第一名。

第四场，题目"帛饔"，（出自《孟子·告子下》："无城郭、宫室、宗庙、祭祀之礼，无诸侯币帛饔飧，无百官有司，故二十取一而足也。"）詹鸣铎的起讲（八股文的第三部分，也就是提出中心论点的部分）的第一句是："且千古竹帛流芳之主，即千古厚币招贤之主也。

其所以措正施行者，又何至不遑朝食哉。"写得比较空，但是格调很高。这一场，詹鸣铎仍考得第二等。

第五场，要求写五个起讲：（一）务本；（二）力不足也；（三）今女画；（四）犹漍水也；（五）右逢其源。这个题目更是巧妙的将"婺源"两个字嵌了进去。詹鸣铎仍是二等。

总之，詹鸣铎通过了县试。婺源的县试，考生在第四场结束的时候可以得到馒头，在最后一场结束一起吃饭，名为终场饭。吃饭之后，衙门中的工作人员，拿一空碗来，放在桌上，求一些喜钱，詹鸣铎随意给了几个铜钱。

这一场考试，知县李延庆监考非常严格，考场的墙外专门派了士兵看守，里边也有专门人员巡查。江峰青的长子江孟符，也去打墙洞，看守的士兵前去阻止，江孟符不听劝阻，反而跟看守的士兵打了起来，被士兵们举起来贴在墙面上。江孟符感到受辱了，夜里与考生们一起商议前去报复，但是最终没有成功。

第二年，光绪二十七年辛丑（1901），詹鸣铎19岁，去参加府试和院试，却发生了一件官司。同村的文童们发现有某姓四人前

抓捕考试作弊前

来混考武童，如果考上了，就有可能威胁詹家所在家族的影响力，因此詹家族中考生约定告发这件事，并且以自愿放弃院试做担保，但是知县拿了两边的贿赂却做出了模棱两可的判决，以至于詹鸣铎在不知情的情况下失去了院试的机会。

第二天，詹鸣铎收拾行李回家。坐在轿中，拿出今年的考题，看到是"才曰焉知贤"，这是典型的截搭题。题目选自《论语·子路》："仲弓为季氏宰。问政。子曰：'先有司，赦小过，举贤才。'曰：'焉知贤才而举之。'"詹鸣铎认为这个题目很难写好，即使参加考试也未必能考上，尝试着打了个草稿，也不太好。

考完之后，詹鸣铎这一年在家读书。

●第四次参加考试，詹鸣铎没有通过县试首场。

光绪二十八年（1902），詹鸣铎20岁。这一年，他先到杭州，而后回家，兄弟一同去参加县试。

这一年乡会试全部该考策论，县试题目，第一场是"致知在格物义"，第二场是"汉刘备就见诸葛亮三顾隆中论"，两场合并到一场来考。

但是詹鸣铎第一场没有通过，所以先行回家了。

●第五次参加考试，詹鸣铎没有通过院试的复试。

光绪二十九年（1903），詹鸣铎21岁。

这一年，余翀远先生到另外一地教书，詹鸣铎兄弟随同一起前往。

府试日期到了，詹鸣铎与二弟等人一起前往府城。府试题目是："牢曰：子云：'吾不试，故艺。'"（出自《论语·子罕》），第二题"凤凰来仪"（出自《尚书》），詹鸣铎考得第一等。第二场题目是"王旦、

寇准论"（宋朝时期两位性格不同的宰相），詹鸣铎未通过，二弟
考第四场没通过，终场饭也没一起吃。

这一年院试题目是"康诰曰：如保赤子"，第二题是"惟学，
逊志务时敏"。詹鸣铎在答卷的时候因为翻卷子不注意，险些夹页，
忽然发现，急忙把写的内容划掉，内心知道，这回肯定完了，但
是却竟然进入复试，复试题目是"子闻之曰"，詹鸣铎写"子入大
庙章"，但是拿不准"太""泰""大"三字的区别，涂抹得很难看，
最终又一次败北。

这一次，詹鸣铎的心情远比上几次更差，有人告诉詹鸣铎这一
次可能是因为招收的人数减少，才没有录取，而不是个人水平的问
题。考试完毕，寓所内的考生都走了，只剩下二弟还等着詹鸣铎同
行，兄弟二人大哭一场之后，动身出发，一路步行回家，痛苦无比。

作弊考生带枷示众

但是从此以后，詹鸣铎开始明白文章终究是有讲究，有水平高低之别的，于是更加专心向学，乐此不疲了。

这一年，詹鸣铎的老师余翀远赴南京参加乡试，等他回来，詹鸣铎已写了四十篇文章，"作文则兴会淋漓，闻考则跃跃欲试"。

这时候，詹鸣铎与余先生的水平已经不相上下，余先生要想修改詹鸣铎的文章，也越来越难了，有时候余先生要写对子，想不到好句子，詹鸣铎也可以帮忙斟酌，师生之间已经没有了等级差别，相互都是客客气气的。这时候，詹鸣铎在书院考课，也经常获得前几名，在附近名声鹊起。

七年来，余翀远先生一直是詹鸣铎的老师，尽管这位先生的水平实在不怎么样，但是相处这么久，师生之间感情十分密切。到了年终，先生出了两道八股文的题目，作为临别赠言，一道是"君子博学于文约之以礼"，另一道是"士先器识而后文艺论"。詹鸣铎非常感激，也写了两道八股文题目，回赠先生，一道是"夫子循循然善诱，博我以文，约我以礼"，另一道是"程明道目送杨时论"。（这是说北宋时期，杨时在二程门下受教，学成归乡之时，程明道目送之，说："吾道南矣。"）

●第六次参加考试，詹鸣铎没有通过院试

1904 年，詹鸣铎 22 岁。

这一年正月举行县试，仍住在礼房灶荣家。

头场题目是"者也"（出自《孟子·滕文公上》："夏后氏五十而贡，殷人七十而助，周人百亩而彻，其实皆什一也。彻者，彻也。助者，藉也。"兄弟二人仅仅考了第十等。

第二场题目"老子、韩非同传论"，兄弟都考得第二等。

第三场题目有两个，兄弟二人进行了分工，其中"鹰化为鸠赋"，

以"万物并育而不相害"为韵，詹鸣铎负责；"郭子仪论"这道题二弟负责。这一场詹鸣铎仍是二等，二弟则进一步考了第一等五十名。

第四场一共出了四道题，（一）星辰系焉；（二）江淮河汉是也；（三）才也养不才；（四）士以旅。还有四首诗，以卢仝（唐朝人）、陈登（汉末人）、狄青（北宋人）、赵云（汉末人）四人为题目，要诗里嵌上"星江才士同登青云"八个字。这一场兄弟二人都考了第二等，这一次一起吃了终场饭。

到了二月，兄弟二人一同上府城参加府试。

头场题目是"楚狂接舆歌而过孔子"（出自《论语·微子》），詹鸣铎第一场没考好，第一场二弟考了第二等，之后又考了第一等。

不巧的是，此时遇上知府大人丁忧，所有事务暂时停止，考生们又白来一趟。

到了四月又举行院试，二弟正好在此时结婚，所以詹鸣铎与他人先行前往，题目是"学者亦必以规矩"，兄弟二人都没有考上，抱屈而返。

这一年五月，父亲从杭州来信，让詹鸣铎到杭州学做生意，可是他仍旧一心想参加考试，但是父命不能违抗，所以只好动身，临行不禁泪如雨下，到了杭州，父亲也只是让他在店内读书写字，而做生意的事情，也没有让他过多干预，所以詹鸣铎仍旧和往常一样。但是毕竟付出了努力，却没有考中，加上父亲不时地絮语唠叨，于是内心更加不适。

●终于榜上有名

没过多久，身在杭州的詹鸣铎听说家乡要举行考试，于是马上赶回，直接赶到府城，但是府试日期并没有到。但是县试已经过了，幸而有二弟代为缴纳了报名，并且勉强通过了县试。

光绪三十一年，1905 年，詹鸣铎 23 岁。

这一年，负责传消息的人来家里告诉詹鸣铎考期，此时詹鸣铎正在厨房吃饭，已经吃了一碗，正要吃第二碗，听到考斗进门，忽然食不下咽，对于詹鸣铎的内心来说，对于"功名"这两个字，真是已经急不可待了。

没几天，詹鸣铎兄弟二人再一次到府城参加考试，到了府城，正好下雨，兄弟两人一步一跌，住在西城坊。

府试第一场的题目是"中庸不可能也"，詹鸣铎兄弟都考得第二等；

第二场"孔融表荐祢衡论"，詹鸣铎第二等，二弟头等；

第三场"非礼之礼三章"，詹鸣铎虽然自我感觉写得文入妙来，但是兄弟都二人都没有通过。詹鸣铎想起村里的老前辈说庐坑村的村运，读书的人，必须到三四十岁，才能有所收获。詹鸣铎的父亲，早年也写信给他，说如果 20 岁之前能够考得秀才，也算是善于继承父亲的志愿。可是如今仍旧未能如愿。此次府试，名次又很低，内心愤懑不已。

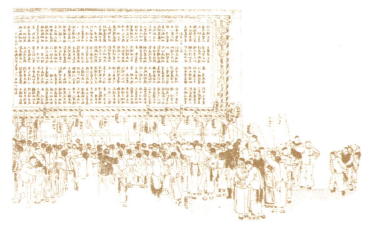

　　四月十四日詹鸣铎参加院试，第一场题目，"我欲行礼，子敖以我为简，不亦异乎"（出自《孟子·离娄下》），第二题是"大夫以法相序，士以信相考"（出自《礼记·礼运》）。詹鸣铎的第一篇文章写得很顺利，但是到了第二题，竟然不知道出自哪本书。

　　这时候看到一位叫做楚鸣的人是原来认识的人，就悄悄问他，他低声回答，可能是出自《礼运》里的话，詹鸣铎赶忙翻《礼记》，并且查看《礼运》的注解，才终于写完了这一篇。

　　出场之后，詹鸣铎坐立不安，到十五日前的夜里，想着第二天就会出成绩，一直睡不着，所幸一同住的考生们在通宵达旦的赌博，詹鸣铎便站在旁边观看，聊以暂时免却内心的苦闷。这一夜，詹鸣铎没有睡觉，到了太阳初升，勉强和衣躺了一会，随即起来吃了早餐，新的一天便开始了。

　　到了下午，遇上一位同学向詹鸣铎要考场中的文章看，两人正在谈论，炮声忽然响了，这是放榜的声音，詹鸣铎马上跑到考场外，一眼就看到了自己的名字，然后寻找二弟的名字，可是没有，二弟倒是说，家里有一个就行了。

　　詹鸣铎由于心理压力过大，往寓所走的时候，浑身颤抖、两手冰凉，直到夜里才渐渐安静下来，这时候才穿好衣服，寻到担保人，然后填好所需的信息，准备下一场。詹鸣铎不禁感慨多亏了二弟一直跑前跑后，十分热情的帮助。

　　十七日这一天考试，题目是"汉淮阴师事广武君论"（这是西汉开国将领淮阴侯韩信在井陉战役中俘获广武君，优待俘虏的事情），第二道题是"振兴茶业策"。詹鸣铎交卷出场后，二弟马上要看文章的内容，于是誊写了出来，周围的人都说不错。但是詹鸣铎总觉得写得一般，内心忐忑不安，想起文中用了"广益集思"这个词，应该是"集思广益"，不应该倒过来，一直对此深深懊悔。

恰好这时候有一个叫詹希贤的考生来串门，此人趾高气扬、自鸣得意，在众人面前背诵自己在考场上写的文章，有："《易》曰：卑以自牧，子曰：虑以下人，旨哉言夫，淮阴侯深得其中之旨趣矣"的话，然后读詹鸣铎的文章，读到"淮阴知独虑之难周，冀和衷以共济"，拍案叫好，要与詹鸣铎结为案友。这个人如此爽快，而詹鸣铎却内心愁绪满满，真是天壤之别。

过了十八日的白天，一位叫做胡远的考生在床上躺着抽洋烟，詹鸣铎跟他聊天，说自己对考试很忧虑。胡远便劝说"不必忧虑，我来帮你判断一下能否考上"。这时候，忽然听到炮声响了，第二场考试成绩发布了，詹鸣铎赶忙穿好鞋，这时候听到脚步声，二弟已经来了，楼上的胡朝恩也问"怎么样"，回答说"两人榜上都有"。詹鸣铎又问一遍，还是一样的回答，这才放心。

不过，之后还有一场，詹鸣铎仍旧患得患失，心里更焦急了。然后又是寻找担保人填表，准备下一场。二弟又是谆谆告诫，生怕詹鸣铎功亏一篑。

最后一场复试，虽然已经严令不准带书了，詹鸣铎却想带书进去，有人劝他别带了，于是他就想，还是别带了；不一会又有人劝他带上吧，詹鸣铎犹豫不决。二弟说詹鸣铎手里的"四书"体积太大了，不方便携带，要另买小字本带上，一位叫做胡任的考生也劝说："这种时候，你还差那一点铜钱吗？"詹鸣铎付了钱，让二弟代买。所幸，此夜詹鸣铎尚能安睡。

第二天早上，即十九日，詹鸣铎把书绑在腰间，来到院门外，只听见周围的人议论纷纷纷纷，说进进门的时候搜检的非常严格，听到这些，詹鸣铎觉得还是把书丢掉不带好，这位久战不利的可怜考生又把书卸下，交给了做担保的人。其实在进场的时候才发现，根本就没有所谓的搜检。

题目是"申申如也，夭夭如也"，在规定时间内完成一百多字，学政大人当面监督，操着北方口音的属下反复催促："要快要快！愈快愈好！"这是学政考验考生们有没有保持镇静的能力，所以故意这样吵闹。

这时候时有位坐在50多号的某考生，暗自偷看书，学政叫他坐到外面来，并发怒大骂："你是不懂话是怎么样？"詹鸣铎此时也很着急，幸而还没有混乱，最后文章一挥而就，正草俱全。詹鸣铎问坐在隔壁的考生："夭夭其色愉也"，是否是这个"愉"字，隔壁的考生连说不要做声。幸而詹鸣铎没有写错字，写完之时，看一旁的人，这个在盖墨盒，那个在套笔筒，大家写得都很快。

詹鸣铎写下的文章，前边用"乡党恂恂如也，侃侃如也，訚訚如也"作陪衬，后边写"夫子作止语默，随地见真，所谓其容舒，其色愉，有充实光辉之意"，末尾写的是"玉韫于石而山辉，珠藏于水而川媚"，以证明"夫子之积中发外，深切著明"，文章虽然短小，但是结构完整，应有的都有。

这篇小文章得到的评语是"语语中肯，宜其高掇芹香"。

写完之后后，詹鸣铎随即交卷出场。这时大雨如注，不一会，

看到二弟带着伞和雨靴过来，说他已经来这里几次了，詹鸣铎内心顿时觉得感激不尽。到寓所之后，二弟要詹鸣铎赶紧背出来写的文字，二弟觉得写得很好，必定可以录取，并且要詹鸣铎誊出来，詹鸣铎正要写的时候，为他做担保的秀才余辉祖也来了，也请詹鸣铎背诵，听了之后也说很好。

这一天，詹鸣铎从早上到中午，甚至到午后也一直坐卧不宁，心如刀割。在寓所门口，来回徘徊，不知道走了多少遍。后来不自觉走到余辉祖的寓所，向他诉说内心的愁苦。余想了个办法，两人下一盘棋吧，下棋也可以解忧愁。于是两个开始下棋，一局还没下完，詹鸣铎感觉非常无聊，看到案头有《聊斋》，拿起来看，一句话都看不进去，此时詹鸣铎的心情，真是无法用语言描述。

不一会，詹鸣铎又回到寓所，看到二弟抱着十来本县考的案卷，说是从县衙门礼房处领来的，都是相熟诸友的答卷，看到卷子的末尾，又想起此次考试的事。二弟说不必着急，听说今天就能出结果，只有四人没考中，其中一人已经确定，是一位叫做单宝的人。詹鸣铎问："为什么？"二弟说："听说此人考卷写的留有空白，而且第一场和第二场都是枪手所做，所以要抓起来严办。"詹鸣铎听说这些，内心稍稍宽慰了一些，但是内心的愁绪扔旧没有散去。

约两刻的功夫之后，听到有人喊："炮响了，出正案了。"这个时候，真是生死关头了。于是詹鸣铎迅速携带雨伞跑去，来到府衙门前，一个不认识的人向詹鸣铎说道："有的有的！"这不过是宽慰人的话。

此时大雨纷纷，观者如堵。站在后边的人，说前边的雨伞挡住了视线，竟然把前边的雨伞给撕破了。看榜的人，无一人不心慌，无一人不着急。詹鸣铎则真是有"仰之弥高、钻之弥坚"的感觉。詹鸣铎只听见先生在人丛中告诉别人道："我学生已进府学第一了。"詹鸣铎随即大喜，又听先生说："是休宁的。"遂即大惊。

●高中秀才

詹鸣铎挤到榜底，仍未看到自己的名字。忽然听见二弟大喊："还好，还好，还有，还有。"詹鸣铎赶紧问："在何处？"二弟用雨伞指出方向，这才看到，大约在第十几名。看清楚之后，从人群中退出，路上遇到朋友汝华询问，回答："榜上有，只是我已经为此事痛不欲生了。"汝华说："恭喜恭喜，既然考中了，还有什么苦！"又遇到人，詹鸣铎回答说："刚才看见大约是第十几名，请你帮我在仔细看看到底是多少名？"此人登高而望，下来说："第十五名。"此时的詹鸣铎几乎就像是范进中举一样，在确认自己考中之后便开始精神恍惚，口中不自觉的说道："挂匾挂匾，散卷散卷。"

因为詹鸣铎的祖母有节孝匾，但是父亲坚持要等考中秀才之后悬挂，可是一直没有机会，詹鸣铎盼望已久了。平日看到别人将自己的考中秀才的试卷刊印出来，试卷上有名有字，有父兄师友们的评语，心里羡慕得很，一直在想自己何时能够如愿以偿。到了此时，终于梦想成真。

回到寓所，经过别人提醒，要赶紧写信回家，詹鸣铎坐了很久，仍旧止不住激动，手握笔杆，一个字都没有写出来，不得已才托人代写了一封家信。

●兴奋过后

吃过晚饭之后，詹鸣铎的精神才渐渐安静下来，又看到新考中的秀才已经分发到府县学中了，前十名考生分到府学，后三十七名则在县学，詹鸣铎考了第十五名，所以看到自己是县学第五名，詹鸣铎内心得意，越看越喜欢。于是想起这个功名得来实在不易，二弟给了莫大的帮助，得到他人的帮助更多。

这几天詹鸣铎收到了报信的人、房东送来的表示祝贺的各色礼物，比如其中有"糕粽"，就是"高中"的谐音，又有用线系住的桂元，就是"连中三元"的意思。对此，詹鸣铎都从重酬谢。遇到前些年考上的老秀才，一见面都向他鞠躬表示恭喜。

此时的詹鸣铎真是苦尽甘来，前天的浑身颤抖、两手发凉、内心忐忑、坐卧不安、心如刀割、一片愁肠、难过至极的种种情绪，到此全都一扫而空了。心病还需心药医，对症的良药，正是这第五名的县学生员。

这时，恰巧父亲在家里，正准备往杭州走，忽然收到了考中的家信，随即飞奔到府城，父子相见的喜悦，真是无以言表。

中了秀才之后，要给县学的老师们见面礼，担保人装出一副寒酸的样子，说詹鸣铎如此如此的穷，没有钱，老师却说："你说他没有钱，他还开木行，他还有两盘呢。"也不知道老师从哪里打听得到詹鸣铎家里开着木行，于是自然称为重点盘剥对象了，可是詹鸣铎父亲视钱如命，为此小事竟然彻夜不眠。

父亲说，前几天夜里做了一个梦，早知道詹鸣铎要考上秀才。

父亲说，他梦见他自己骂詹鸣铎，詹鸣铎反唇相讥，然后他一把抓起詹鸣铎扔到了河里，这时候看到詹鸣铎身体一半在水里。考中秀才也成为"入泮"，所以如此。

到了恭送学政的日子，要穿上正式的衣服，戴上特制的帽子，冒顶要加上新的雀顶。詹鸣铎的雀顶，是房东赠送的系寓东所送。众人都穿着秀才专用服装，来到学政住所，门还没有开，詹鸣铎几人便到一旁的理发店坐一坐，店主很热心的用烟茶款待，表示非常欢迎。

然后众新秀才进去，见到学政，每人得到簪花一枝。然后学政训话，詹鸣铎站的比较远，所以听不太清楚，大致意思是说今年名额多了一些，这都是皇恩浩荡，然后接着说以后更要努力读书，以期青云直上，前程远大，来日方长，不要固步自封等话。

讲话完毕，诸生跪拜，廊下奏起音乐。拜完后大家各执簪花退

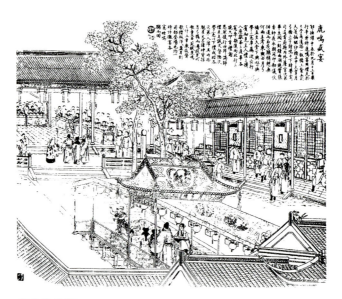

鹿鸣盛宴图

出，此时锣声大作，继而是鼓吹，大开中门。詹鸣铎走出来的时候，外面扰扰纷纷，万头攒动，都站在门前观看，詹鸣铎得到这等荣誉，终于真切地感受到考中秀才的快乐了。

●考中秀才之后的琐事

新科同年秀才聚会，由报信的人代为预定筵席，大家到太白酒楼一起吃顿饭。詹鸣铎到了之后，看到有几位朋友是之前经常相互切磋文章而已经熟识了的，于是大家酾酒言欢，对于此前不熟悉的泛泛之交，也互通名片，算是认识了。

然后拜见老师，行礼之后，老师只问了两句话，问是哪里人，答庐坑；问住在哪里，答西城坊。此外，詹鸣铎用红纸包了十两银子给了担保人作为感谢。

诸事妥贴，父亲要回杭州去了，而詹鸣铎则回家。一路上他到处游走，因为人们都知道他是新科秀才了，所以他洋洋得意、心情舒畅，到了虹关这个地方，遇到收钱粮的人过来拍马屁，詹鸣铎对此尤其感觉欢欣无比。

詹鸣铎回到家里，已经是夜里了，家人已经安睡，敲了一声门，全家人都起来了，于是家人相见都十分高兴。詹鸣铎拜过祖母、母亲，看到妻子怀中的儿子又长大了些，真是莫名的欢慰。

从家人的言谈中得知，家里已经有两拨人专程从府城赶来捷报了，村里村外登门道贺的亲戚朋友一直不断，家里忙得不得了。附近村的鼓吹手，也赶来吹了《连升三级》《乐堂道喜》，非常闹热。

还有，村里也早就迫不及待准备迎接詹鸣铎了，白天已经让两个人赶到路口去接了，可是一直没有等到，只好返回，而且已经在某某路口的饭店里为詹鸣铎订好了饭，等他路过的时候，可以到那随意吃点饭，喝点小酒，可惜詹鸣铎走得慢，到达时天已经快黑了，所以就没去。听到这些，詹鸣铎不觉欣然自喜。

●锦衣回村

村内自然很重视这件事，因为近20年来，一直没有人考中秀才，可谓文风不振，已达极点，而詹鸣铎此时也算是正当其时，所以捷报到家，不但家中欢喜，而且阖村欢喜。所以全村约定用公款采办一些礼物，举行仪式欢迎新科秀才。

这一天，仪仗队从大庙开始，前面是金鼓引路，继而是高脚牌四个，上边写着"青云直上"、"连登及第"字样，是新屋门所赠。继而是以旗障三副，鼓吹三班。旗障第一副，是二图公赠，题额是"杨柳旗开"，对联是："载咏春风泮水夹桃生锦浪；待吟秋月庐山丛桂发仙枝"是淡红绫剪金字；第二副是八大房公赠送，题额是"声蜚庠序"，对联是："璧沼掇芹香，得路登梯，无负下帷攻苦；泮宫忻菜释，扬眉吐气，果然夺锦荣归。"是大红羽毛剪金字；第三副是本房人公赠送，题额是"春风得意"，其对联云："芹藻撷纷披，泮水游来归浙水；雷霆走精锐，书声克绍振家声。"也是大红羽

李士达《岁朝村庆图》

毛剪金字。对联的内容都是本村的人所写。

在铿锵的锣声，闲杂的鼓吹声中间，詹鸣铎身穿秀才特制的衣服——雀顶镧衫，金花披红。詹鸣铎的后面则是族内众人，从大庙一路进入村里，然后经过世德堂、丽泽轩、崇本堂、绿树祠、务本堂、留余堂等重要建筑，然后至门厅屋、昭大堂，朝拜祖宗。

有两位老人代为敬天地。兜了一圈之后，回到家中，再向祖母行礼，正式拜见母亲。一路上观者如山，家里也是人满为患。

接下来，按照一般习惯，詹鸣铎也要向妻子鞠一个躬，而他的妻子则站在扶梯上受礼，并整理衣襟，然后答礼，同时说："步步高升。"因为丈夫中了秀才，怕以后被压倒，所以妻子还礼的时候要站在高处。

这时候詹鸣铎家的堂屋，两壁贴了鲜红的对联，中庭插了灿烂的金花，柱子上还高高地贴着报信人的贺报，原文是"钦命提督安徽全省学院毓遴选上卷詹鸣铎拔取县学第魁名"。一开始浆糊粘的不牢，后来父亲亲自又粘了一次。

詹鸣铎考上秀才前后，家里一共用去一百两左右的银子。

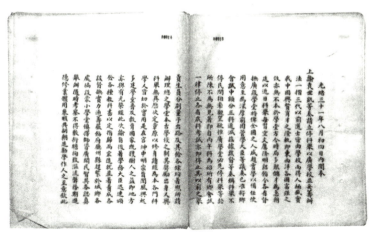

图 18　废科举上谕档

图书在版编目（CIP）数据

科举·秀才/徐梓,王立刚著. —北京:中华书局,2018.3
(中国文化丛书·书礼传家)
ISBN 978-7-101-09677-4

Ⅰ.科⋯ Ⅱ.①徐⋯②王⋯ Ⅲ.科举制度-研究-中国-古代
Ⅳ.D691.3

中国版本图书馆 CIP 数据核字（2013）第 232507 号

书　　名	科举·秀才	
著　　者	徐　梓　王立刚	
丛 书 名	中国文化丛书·书礼传家	
责任编辑	傅　可	
出版发行	中华书局	
	（北京市丰台区太平桥西里 38 号　100073）	
	http://www.zhbc.com.cn	
	E-mail:zhbc@zhbc.com.cn	
印　　刷	北京瑞古冠中印刷厂	
版　　次	2018 年 3 月北京第 1 版	
	2018 年 3 月北京第 1 次印刷	
规　　格	开本/889×1194 毫米　1/32	
	印张 4⅜　字数 60 千字	
印　　数	1-5000 册	
国际书号	ISBN 978-7-101-09677-4	
定　　价	40.00 元